*Gibt es eine Geistes*wissenschaft?

Rudolf Steiner

GIBT ES EINE GEISTES-
WISSENSCHAFT?

Der Kampf um die
Rettung der Menschlichkeit

Rudolf Steiner
Ausgaben

Der Wortlaut der in den *Rudolf Steiner Ausgaben* gedruckten Vorträge Rudolf Steiners geht auf die ursprünglichen Klartextnachschriften und Erstdrucke zurück, unter Berücksichtigung der danach erfolgten Veröffentlichungen.

Erste Auflage 2014

Herausgeber und Redakteur machen in Bezug auf die
hier gedruckten Texte Rudolf Steiners keine Rechte geltend.

Herausgeber: Rudolf Steiner Ausgaben
(Monika Grimm, Bad Liebenzell)
Redaktion: Pietro Archiati, Bad Liebenzell
Korrektorat: Ute von Herrmann, Stuttgart
Druck: GGP Media GmbH, Pößneck

ISBN: 978-3-86772-153-0

Rudolf Steiner Ausgaben e. K.
Burghaldenweg 37 · D-75378 Bad Liebenzell
Telefon: (07052) 935284 · Telefax: (07052) 934809
anfrage@rudolfsteinerausgaben.com
www.rudolfsteinerausgaben.com

Inhaltsverzeichnis

> Drei Vorträge, gehalten in Dornach
> vom 22. bis 24. Oktober 1920
> (mit Auszügen aus den Vorträgen
> vom 29. bis 31. Oktober 1920)

- Im Osten erlebt sich der Mensch als Seele und Geist. Dort ist führend die göttliche Offenbarung, im Westen herrscht die menschliche Vernunft, in der Mitte schwankt der Mensch zwischen Vernunft und Offenbarung, wie die Scholastiker des Mittelalters *S. 77*

3. Vortrag (24.10.1920)
Materialismus und Geisteswissenschaft
Goethe und Schiller, Sucher nach dem Menschen
S. 97

- Schiller (in den *Ästhetischen Briefen*) und Goethe (im *Märchen*) ringen unterschiedlich um das Rätsel des Menschen und des Sozialen: Schiller durch logische Begriffe, Goethe in Bildern *S. 97*
- Der intellektualistische Verstand wirkt durch den Materialismus der Wirtschaft sozial zerstörerisch. Dem muss Geisteswissenschaft ein Gegengewicht schaffen, um das Soziale immer neu aufzubauen *S. 110*

Zur Einführung
Die Mormonen und die Anthroposophie
(von Pietro Archiati)

Anlass für den Druck dieser Vorträge ist die Tatsache, dass der Mormonenprofessor Christian Clement im August 2013 als Herausgeber der Werke Rudolf Steiners im Frommann-Holzboog Verlag aufgetreten ist. In einer ausführlichen «Einleitung» zum ersten erschienenen Band (Band 5 in einer Reihe von 8 Bänden) stellt er die Anthroposophie als eine Theoriebildung unter anderen dar, die der allgemein bekannten «Vorstellungsbildung» entsprungen sei und als solche in Sachen des Geistes keinen Anspruch auf objektive Wissenschaftlichkeit, auf sachliche Wahrheit haben könne. Die Rudolf Steiner Nachlassverwaltung und die Anthroposophische Gesellschaft begrüßen es als für die Anthroposophie förderlich, dass ihr durch Prof. Clements Tat der Einzug in die akademische Welt gelungen sei.

Rudolf Steiner spricht in den hier veröffentlichten Vorträgen von Persönlichkeiten, die in den bekannten Sekten des Westens, zu denen auch die Mormonen gehören, führend sind. Er führt aus, dass solche führenden Persönlichkeiten Menschen zu sein scheinen, aber in Wirklichkeit handelt es sich um übermenschliche Geister, die in ihren Taten in der Menschenwelt eine Entwicklungsstufe vorwegnehmen, die der Mensch in seiner Freiheit erst in ferner Zukunft erreichen kann. Es sind Geister, die «eine besondere Schülerschaft erzeugen, die ihre besonderen Eigentümlichkeiten epidemisch auf andere Menschen ausstrahlen.» (1. Vortrag, S. 52). Sie bieten der Freiheit des einzelnen Menschen die notwendige Gegenkraft, indem sie jene Dreigliederung des sozialen Organismus verhindern, durch die im freien Geistesleben die Geisteswissenschaft ihre Aufgabe erfüllen kann, die Menschheit aus dem Zerstörerischen des Materialismus herauszuführen.

Im Laufe der Entwicklung ist in alter Zeit im Osten das Geistesleben, später in Europa das Rechtsleben und in der neueren Zeit im Westen das Wirtschaftsleben entstanden – jeweils in stark einseitiger Ausprägung. Die Aufgabe der freiheitlichen Entwicklung des einzelnen Menschen auf der ganzen Welt ist heute, die drei Seiten des Lebens, die sich historisch nacheinander entwickelt haben und nebeneinander fortbestehen, zu einer «Dreigliederung», zu einer Einheit in der Dreiheit zu gestalten. Als notwendige Gegenkraft dazu gibt es im Osten drei Arten von übermenschlichen Wesen, die den Menschen durch Visionen und Träume in einer alten, weltfremden Geistigkeit zu behalten suchen. Im Westen wirken in Menschenkörpern drei Arten von übermenschlichen Geistern, die durch den Intellektualismus, durch Naturwissenschaft und Technik zu einem rein materialistischen Wirtschaftsleben verführen. Der Mensch der Mitte ist sowohl dem Materialismus des Westens als auch dem Spiritualismus des Ostens ausgesetzt, wie es sich bei einer Betrachtung von Goethes *Märchen* und Schillers *Ästhetischen Briefen* zeigt.

Rudolf Steiners Ausführungen werfen ein helles Licht auch auf die Geschichte der Sekte der *Heiligen der Letzten Tage,* im Volk *Mormonen* genannt, in der der neue Herausgeber der Werke Rudolf Steiners, Christian Clement, als «Associate Professor» tätig ist. Man braucht nur an Joseph Smith (1805-1844), den Gründerpropheten der Mormonen, zu denken, dessen Leben eine Unendlichkeit von Rätseln aufwirft[1] – von der Art und Weise, wie das *Book of Mormon,* das die Mormonen der Bibel gleichstellen, zustande gekommen ist, über den Empfang des Priestertums unmittelbar aus der geistigen Welt, bis hin zur Einführung der Polygamie unter Berufung auf göttliche Offenbarung. Folgende Worte, die Joseph Smith von seinen Jüngern zugeschrieben werden, können die Frage als berechtigt erscheinen lassen, ob in ihnen ein rein menschlicher Geist spricht, wie auch die weitere Frage, ob dieser Geist mit jenem Geist verwandt ist, der von sich sagt: «Mein Reich ist nicht von dieser Welt» (s. S. 161):

> «As Paul boasted, I have suffered more than Paul did. [...]
> I have more to boast of than ever any man had. I am the
> only man that has ever been able to keep a whole church
> together since the days of Adam. A large majority of the
> whole have stood by me. Neither Paul, John, Peter, nor

---

1 s. auch den Bericht des Zeitgenossen J. Quincy im Anhang A.

Jesus ever did it. I boast that no man ever did such a work as I. The followers of Jesus ran away from Him; but the Latter-day Saints never ran away from me yet.» *(Wie sehr sich Paulus auch rühmte, ich habe mehr gelitten als Paulus. [...] Ich habe mehr, dessen ich mich rühmen kann, als je ein Mensch zuvor. Ich bin seit den Tagen Adams der einzige Mensch, der je imstande war, eine ganze Kirche zusammenzuhalten. Eine große Mehrheit des Ganzen ist zu mir gestanden. Das haben weder Paulus, Johannes oder Petrus noch Jesus geschafft. Ich rühme mich dessen, dass niemand ein solches Werk wie ich je zustande gebracht hat. Die Jünger Jesu liefen von Ihm weg, aber die Heiligen der Letzten Tage liefen noch nie von mir weg.)* (In *History of the Church of Jesus Christ of Latter-Day Saints,* Volume VI., Salt Lake City 1912, S. 408-409).

Für die Würdigung der hier gedruckten Ausführungen Rudolf Steiners ist es weniger wichtig, ob Joseph Smiths Worte getreu wiedergegeben sind. Viel wichtiger ist, dass seine Schüler ihm solche Worte zuschreiben und damit zeigen, dass sie in ihm keinen normalen Menschen sehen. Dies bestätigt die Grundaussage Rudolf Steiners, dass es sich bei den Führenden in solchen Sekten nicht um Menschengeister handelt.

Anlässlich eines Kolloquiums an der Alanus Hochschule in Alfter, das am 24. Mai 2014 stattfand (s. Bericht von

Johann Silberbauer: «Wie hat Rudolf Steiner die *Geheim-wissenschaft* geschrieben?», *Der Europäer,* Okt. 2014, S. 34-36 – in der Folge als «Silberbauer» zitiert), stellt der Leiter des Rudolf Steiner Archivs, David Marc Hoffmann, dem Mormonenprofessor Christian Clement folgende Frage:

> «‹Ich kann mir nicht erklären, wie Rudolf Steiner *Die Geheimwissenschaft im Umriss* geschrieben hat. *Die Geheimwissenschaft* ist wie die zwei Steintafeln (Gesetzestafel des Moses) vom Himmel gefallen. Es gibt auf dem Originalmanuskript nur eine oder zwei kleine Korrekturen pro Seite. Steiner hat es einfach aufgeschrieben, an einem Stück. Das kann ich nicht verstehen, wie so etwas geht. Herr Clement, können Sie mir erklären, wie Rudolf Steiner das gemacht hat?›» (Silberbauer, S. 34).

Bei aller möglichen Ungenauigkeit einer Berichterstattung ist die Frage des Leiters des Rudolf Steiner Archivs deutlich und bedeutsam genug. Und der Mormonenprofessor ist ihm laut Bericht wie folgt zu Hilfe gekommen: «‹Das kann ich mir nur so erklären, dass es *wahrscheinlich Selbstsuggestion* gewesen ist.›» (Silberbauer, ebenda).

Mancher Leser könnte sich vielleicht fragen: Ist es möglich, dass der Leiter des Rudolf Steiner Archivs, der im Namen der Rudolf Steiner Nachlassverwaltung spricht und handelt, noch nicht gemerkt hat, dass selbst in seiner

Geheimwissenschaft – in seinem Grundwerk über die Entwicklung von Erde und Mensch – Rudolf Steiner fast hundert Seiten lang in aller Ausführlichkeit den Weg schildert, der ihn zu dem besonderen Bewusstseinszustand gebracht hat, in dem er die *Geheimwissenschaft* geschrieben hat? Darauf kann nur erwidert werden: Man darf davon ausgehen, dass der Leiter des Rudolf Steiner Archivs von diesen hundert Seiten Kenntnis hat. Aber er vertritt offensichtlich die Auffassung, dass Rudolf Steiner über die Art der Entstehung seiner *Geheimwissenschaft* nichts zu sagen habe. Kompetent soll nicht Rudolf Steiner selbst sein, der sie geschrieben hat, sondern der Mormonenprofessor, der sie nicht geschrieben hat!

Und in der Tat: Prof. Clement gesteht freimütig, dass er als wissenschaftlicher Steiner-Herausgeber keine Ahnung habe, wie Rudolf Steiner dazu gekommen sei, die *Geheimwissenschaft* zu verfassen. In einer E-Mail vom 26. Juni 2014 an J. Silberbauer, die dieser in seinem Bericht zitiert (s. Silberbauer, S. 34) und den *Rudolf Steiner Ausgaben* auf Anfrage weitergeleitet hat, teilt Prof. Clement dem Berichterstatter schriftlich Folgendes mit:

> «Es tut mir leid, aber in dieser Sache muss ich passen. Ich erinnere mich zwar der Bemerkung von Herrn Hoffmann, kann mich aber nicht entsinnen, zu diesem speziellen Punkt etwas gesagt zu haben. Ich wüsste auch gar nicht was, denn ich habe auch keine Antwort darauf,

warum das Manuskript so frei von Korrekt[u]ren ist. Vielleicht ein ähnliches Phänomen wie bei Mozarts Partituren?».[2]

Man sieht: Prof. Clement ist bemüht, seine Ahnungslosigkeit kleinzureden, indem er die Frage nach der Erkenntnisquelle der Anthroposophie als einen «speziellen Punkt», als eine Nebensache hinstellt. Deshalb könne er sich auch «nicht entsinnen», zu «der Bemerkung von Herrn Hoffmann», das heißt, «zu diesem speziellen Punkt», «etwas gesagt zu haben».

Der Steiner-Herausgeber Prof. Clement hält es nicht für seine Pflicht als Wissenschaftler, sich mit Steiners Schilderung der eigenen, einzigartigen Bewusstseinsentwicklung

---

2 Den *Rudolf Steiner Ausgaben* schreibt J. Silberbauer: «Gerne leite ich Ihnen die Email von Herrn Clement weiter. Ich bedaure, dass ich in meinem Schreiben an Prof. Clement von akustischen Schwierigkeiten geredet habe, um Weiteres aus ihm herauszulocken. Die Akustik war sehr gut, ich habe selbst keine Hörprobleme, und Clements Rede von Selbstsuggestion beim Schreiben der *Geheimwissenschaft* war unmissverständlich zu hören.» Diese Anmerkung ist hier geboten, weil Prof. Clement in einer Stellungnahme auf seiner Webseite – www.steinerkritischeausgabe.com – Silberbauers Bericht rundweg diskreditiert, indem er sich auf dessen Andeutung beruft, «‹akkustisch [*sic!*] nicht nicht [*sic!*] ganz wahrgenommen› zu haben». Er schreibt so, als ob er gar nicht von Selbstsuggestion geredet hätte – was er aber laut Silberbauer «unmissverständlich» getan hat. Es waren übrigens genug Menschen im Saal anwesend, die das Unmissverständliche gehört haben müssen, und die davon wahrheitsgemäß zeugen können. In Silberbauers Bericht ist auch die Liste der Teilnehmenden angeführt.

zu befassen. Während er von «Selbstsuggestion» redet, weist Rudolf Steiner unzählige Male nach, dass seine Erkenntnisquelle genau das Gegenteil von allem Autosuggestiven ist, dass seine Erkenntnisart nur mit der der Mathematik verglichen werden kann. Die Sache wird keineswegs besser gemacht, wenn Prof. Clement im zweiten Anlauf schriftlich eine Ähnlichkeit mit der Entstehungsart der Mozart-Partituren erwägt – als ob er genau wüsste, wie die Mozart-Partituren entstanden sind, und als ob Mozart etwas mit den Inhalten der *Geheimwissenschaft* Vergleichbares hervorgebracht hätte! Man darf gespannt sein, ob es außer seiner Mormonenuniversität, der Brigham Young University in den USA, noch andere Universitäten gibt, die eine Art des Umgangs mit Rudolf Steiner, die dessen Darstellung der spezifischen Erkenntnisquelle der Anthroposophie übergeht, als wissenschaftlich gelten lassen.

Die hier gedruckten Vorträge Rudolf Steiners machen deutlich, dass Professor Clement dem Bestreben der Führenden in den Sekten des Westens, der Anthroposophie entgegenzuwirken, alle Ehre macht. Zum Gelingen dieses Bestrebens kann auch gehören, dass man den Eindruck erweckt, die Anthroposophie gebührend zu würdigen, indem man sie in den akademisch-wissenschaftlichen Diskurs einführt. Dabei ist die Art, wie Clement persönlich zu den Mormonen steht, nur für ihn von Bedeutung. Wichtig für die Menschheit ist, was seine akademisch-religiösen

14

Vorgesetzten bezwecken, indem sie ihn zum Professor machen und seine Steiner-Ausgabe auch finanziell fördern.[3]
Prof. Clement selbst braucht nicht zu wissen oder zu wollen, was durch ihn angestrebt wird. Kein Mensch kann alles
wissen, was durch ihn in der Welt geschieht.

Dass aber der Leiter des Rudolf Steiner Archivs und damit die Rudolf Steiner Nachlassverwaltung bei einem Mormonenprofessor den höchsten Sachverstand über die Entstehungsart von Rudolf Steiners *Geheimwissenschaft* sucht,
das ist noch etwas ganz anderes. Aber auch ein solches Phänomen hat Rudolf Steiner deutlich vorausgesagt:

> «Wenn ich einmal nicht mehr da bin, wird eine Verin-
> tellektualisierung der anthroposophischen Geisteswis-
> senschaft kommen. Das ist eine große Gefahr. Denn das
> bedeutet die Stagnation der ganzen Bewegung.» (Adel-
> heid Petersen, «Rudolf Steiner über Vortragstätigkeit
> und Zweigarbeit», in: *Erinnerungen an Rudolf Steiner,*
> 1979, S. 237).

---

3 In meiner Schrift *Der Intellektualismus und die Anthroposophie* (4.
Aufl. 2014) wird auf die Frage der Wissenschaftlichkeit von Prof. Clements Behandlung der Anthroposophie eingegangen. Es wird die aus-
führliche «Einleitung» zum erwähnten Band 5 erörtert, in der Prof.
Clement die besondere Erkenntnisquelle der Anthroposophie prinzipiell ignoriert. Es wird auch auf die Bedeutung von Clements mormo-
nischem Lebenszusammenhang eingegangen. Der Leser findet zudem
eine Analyse der Gründe, weshalb Clements Schrift über Rudolf Steiners *Mysteriendramen* als Dissertation zur Erlangung der Doktorwür-
de angenommen wurde.

Im *Archivmagazin* (Oktober 2014, «Ohne Glaubenskon-gregation») schreibt der Leiter des Rudolf Steiner Archivs, dass «die Anthroposophie eben kein Lehrgebäude sein will» (S. 252), weshalb sie keine oberste Instanz verträgt, die über die Reinerhaltung der Lehre wacht. Er mahnt, dass wahre Anthroposophie nur die sei, die Privatsache bleibt, die keinen Anspruch erhebt, für das Soziale, für die Kultur insgesamt zu taugen: «Deshalb ist doch die Pflege der Anthroposophie am besten jedem einzelnen Menschen anheimgestellt, wo sie [...] als Herzens- und Gefühlsbedürfnis auftritt und ih-ren stärksten und sichersten Platz hat.» (S. 253). Also doch ein Amtsinhaber, der im Stil der römisch-katholischen Glau-benskongregation vom Katheder des Archivleiters für alle dekretiert, dass wahre Anthroposophie nur die sei, die im stillen, ungefährlichen Kämmerlein ihre «Pflege» erfährt!

Mit einem solchen Versuch, die Anthroposophie ins pri-vate Leben einzusperren, wird von der Grundfrage, um die es in Wirklichkeit geht, nur abgelenkt. Die Frage ist nicht, welche ist die wahre, reine Anthroposophie und welche die unreine, sondern die Frage ist: Hält der Leiter des Rudolf Steiner Archivs die Anthroposophie Rudolf Steiners für *wis-senschaftlich* oder nicht? Wenn er nachdrücklich versichert, nicht erklären zu können, wie die *Geheimwissenschaft* ent-standen sei, und dabei die hundert Seiten ignoriert, auf de-nen Rudolf Steiner die Gründe darlegt, weshalb seine *Ge-heimwissenschaft* so wissenschaftlich wie die Mathematik ist, dann behauptet er damit, dass die Anthroposophie nicht als wissenschaftlich, nicht als sachlich-objektiv gelten kann, dass sie wie der alte Glaube nur für die persönliche Erbauung taugt. Und sein Leser wird sich fragen dürfen, was er in der Leitung des Rudolf Steiner Archivs zu suchen hat, falls er noch etwas von Selbstachtung in sich trägt. Dasselbe gilt für den Vorstand der Rudolf Steiner Nachlassverwaltung, der ihn als Gleichgesinnten zum Leiter des Archivs ernannt hat.

Im Zeitalter des Materialismus lautet die allerwichtigste Frage, die sich für die Zukunft und für das Heil der Menschheit insgesamt stellt: Gibt es eine Geisteswissenschaft oder gibt es sie nicht? Ist es möglich oder nicht, in Bezug auf alles, was nicht sinnlich wahrnehmbar ist, was geistig ist, eine objektiv-wissenschaftliche Erkenntnis zu erlangen, oder muss alles beim alten «Glauben» bleiben, der bei jedem Menschen anders aussieht und deshalb keinen Anspruch darauf haben kann, im öffentlichen Leben für alle eine gestaltende Rolle zu spielen?

Rudolf Steiner schildert unzählige Male, nicht nur in seiner *Geheimwissenschaft,* den Weg der inneren Entwicklung, auf dem der Mensch durch Weiterentwicklung des Denkens die Fähigkeit erlangt, anhand von Wahrnehmung und Begriffsbildung die Welt des Geistes genauso sachlich-objektiv, genauso wissenschaftlich zu erkennen, wie er die sinnliche Welt erkennen kann. Er fordert immer wieder dazu auf, die Aussagen der Geisteswissenschaft daraufhin zu prüfen, ob sie die Phänomene der sinnlichen Welt besser, umfassender erklären, als diese ohne Geisteswissenschaft erklärt werden können. So auch in Bezug auf seine Aussagen über die Sekten des Westens, er sagt:

> «Es wird eine wesentliche Aufgabe sein, von diesem Gesichtspunkt aus zum Leben Stellung zu nehmen. […] Was hilft es, dass in der Gegenwart die Menschen es als einen Aberglauben betrachten, es nicht hören mögen, wenn von solchen durch die Menschen hereinragenden geistigen Wesenheiten gesprochen wird! Sie sind da, diese geistigen Wesenheiten, und derjenige, der nicht mit schlafender Seele, sondern mit wacher Seele das Leben verfolgen will, der kann überall die Wirkungen dieser Wesenheiten schauen. Wollte man sich nur aus dem Vorhandensein der Wirkungen von dem Dasein der Ursachen überzeugen lassen!» (1. Vortrag, S. 47 u. S. 52).

Ja, es gibt eine Geisteswissenschaft! Es gibt die zahlreichen Werke und die tausenden Vorträge Rudolf Steiners, zu denen auch die hier gedruckten gehören. Dass ein Mormonenprofessor solche Mitteilungen als der Autosuggestion entsprungen abtut, wird verständlich, wenn man das Ergebnis der geistigen Forschung Rudolf Steiners berücksichtigt, wonach übermenschliche Geister an Führerstellen in den Sekten des Westens am Werk sind, um die Anthroposophie zu bekämpfen. Auch eine solche Aussage sollte zunächst als Arbeitshypothese gelten, um das schon Bekannte im Hinblick auf eine tiefere, überzeugendere Erklärung zu prüfen. Das gilt ebenso für die andere Grundaussage dieser Vorträge über die zerstörerische Wirkung eines Wirtschaftslebens, das kein wahrhaft freies Geistesleben zulässt.

Unter Berufung auf Toleranz und Meinungsfreiheit beharrt die Leitung der Anthroposophischen Gesellschaft darauf, in der Öffentlichkeit keine Meinung über die Tatsache zu äußern, dass ein Mormonenprofessor als Herausgeber der Werke Rudolf Steiners auftritt. Im Amtsblatt *Das Goetheanum* kommen die Stimmen, die Prof. Clement kritisch gegenüberstehen, gar nicht zu Wort. Gedruckt wird aber die Stimme von Johannes Kiersch, der von den Clement-Kritikern schreibt: «… das merkwürdige, zunächst ganz absurd wirkende Phänomen der verbreiteten Erregung über die neue ‹kritische Ausgabe› [von Clement] …». Beim erwähnten Kolloquium in Alfter war für Kiersch hingegen das Folgende überzeugend: «Betont hob Clement hervor, dass die Frage nach Steiners Hellsichtigkeit» – das heißt, die Frage nach der besonderen Erkenntnisquelle der Anthroposophie – «… nicht berührt werde.» (*Das Goetheanum,* 6. Juni 2014, S. 11).

Wie kann die Anthroposophie die geringste Chance haben, zum Kulturfaktor zu werden, wenn sogar die Führenden in der Anthroposophischen Gesellschaft sich der

Öffentlichkeit gegenüber in Schweigen hüllen und intern die Kritiker des Mormonenprofessors verunglimpfen? Sie scheinen nicht die Ehrlichkeit und den Mut zu haben, den Menschen offen zu sagen, dass sie nichts halten von einem Steiner, der immer wieder von einem Geisteskampf spricht, in dem es jene Schlichter, jene Konfliktberater nicht geben kann, die für alle Auseinandersetzungen im irdisch-menschlichen Rechtsleben unerlässlich sind. Sie scheinen den Kerngedanken der Dreigliederung nicht zu verstehen, den Gedanken, dass das freie Geistesleben nur in der Selbstständigkeit dem Rechtsleben (und dem Wirtschaftsleben) gegenüber für das Leben fruchtbar werden kann.

Das Urphänomen des Rechtslebens ist die Verständigung, die Einigung über Rechte und Pflichten, die anhand von Kompromissen und Mehrheitsbildungen immer neu angestrebt werden muss. Wenn man aber ein solches Urphänomen auch für das freie Geistesleben geltend macht, wird die Sphäre des Geisteslebens in der ihr eigenen Art völlig ausgelöscht. Zum freien Geistesleben gehört der Mut zum unversöhnlichen Gegensatz, zum Geisteskampf zwischen dem Guten und dem Bösen, an dem neben dem Menschen noch eine Unzahl anderer Geister beteiligt ist. Im Rechtsleben hat man nur mit Menschen in ihrer Gleichheit zu tun, im freien Geistesleben muss man auch mit allen nicht-menschlichen Geistern rechnen, die in der Welt tätig sind. Von diesen Geistern wollen die einen dem Menschen in seiner Entwicklung helfen, die anderen haben die Aufgabe, ihm die notwendigen Hindernisse in den Weg zu stellen. Der Mensch, der von der geistigen Welt und ihrem Wirken keine Kenntnis nimmt, wird umso leichter zum Werkzeug der widermenschlichen Mächte, denn diese drängen sich auf, während die Geister, die das Urgute des Menschen, die Freiheit, fördern wollen, sich nicht aufdrängen dürfen.

Das materialistische Leben mit seiner zerstörerischen Wirkung ist die unmittelbare Folge der Nichtachtung der konkreten Wirksamkeit geistiger Wesen. Den Geistern, die gegen den Menschen wirken müssen, muss es ganz recht sein, wenn der Mensch sie nicht erkennt oder gar ihre Existenz leugnet, denn dann haben sie mit ihm ein umso leichteres Spiel. Wenn eine ganze Kultur durch den Intellektualismus ein materialistisches Leben führt, so ist eine solche Kultur nicht weniger das Werk von widermenschlichen Geistern als das von Menschen. Um dem Materialismus ein Gegengewicht zu schaffen, muss der Mensch das freie Geistesleben stark machen. Deshalb wird Rudolf Steiner nie müde, darauf hinzuweisen:

«Derjenige, der für die Ausbreitung dieses Impulses der Dreigliederung arbeiten will, der muss sich klar sein darüber, dass er nicht anders kann, als auch mit solchen geistigen Faktoren zu rechnen, die in der Menschheitsentwicklung vorhanden sind. Es stehen den Mächten, an die man appellieren muss, wenn man irgendetwas in die

Menschheitsentwicklung einführen will, es stehen diesen Mächten nicht bloß jene Dinge gegenüber, die der Philister bemerkt, sondern es stehen ihnen auch Dinge gegenüber, die sich nur einer geistigen Erkenntnis erschließen.» (1. Vortrag, S. 53).

Dem Menschen als solchen gebührt nicht nur Toleranz, sondern unbedingte Achtung. Das gilt aber nicht für die Taten eines Menschen. Da muss man unterscheiden: Es gibt Taten, die gut sind, weil sie den Menschen fördern, und es gibt Taten, die böse sind, weil sie dem Menschen schaden. Bösen Taten gegenüber «tolerant» sein hieße, das zu tolerieren oder gar zu fördern, was dem Menschen schadet. Wer eine für den Menschen verderbliche Tat toleriert, liebt den Menschen nicht, der sie begeht. Er ermutigt ihn nur dazu, sich und anderen weiteren Schaden zuzufügen. Der materialistische Intellektualismus kann schwer zwischen dem Menschen als einem seelisch-geistigen Wesen und seinen sinnlich-wahrnehmbaren Taten unterscheiden. Deshalb weist Rudolf Steiner mit Nachdruck auf die Notwendigkeit dieser Unterscheidung hin:

«Ein großer Irrtum, den wir im sozialen Verhalten begehen, besteht darin, dass wir das, was wir der Untat [...] entgegenbringen sollen, auf den Menschen übertragen. [...] Die neuere Entwicklung der Menschheit liegt in der Linie, zu trennen zwischen dem Hass gegenüber

22

der Untat, und der Liebe, die man gegenüber dem Menschen trotzdem empfindet. [...] Bequemer ist es auf der einen Seite, wenn man jemanden nicht mag, gegen ihn, wie man oft sagt, ‹gerecht› zu sein; bequemer ist es auch, Fehler, durch die ein Mensch in der äußeren Welt schädlich wirkt, zu ‹entschuldigen›, weil es einem so passt. Im Gesamtzusammenhalt der Menschheit kommt ungeheuer viel darauf an, dass wir trennen das, worauf unsere Antipathie gehen darf, und das, was der Mensch als solcher ist.» (Vortrag vom 10. Januar 1919, nach Klartextnachschrift H. Finckh; vgl. auch Rudolf Steiner, *Die Menschheit, (d)eine Familie* (Bad Liebenzell 2005), S. 27-29).

Kraft eines akademischen Machtspruchs stellt der Mormonenprofessor Christian Clement die Anthroposophie als objektiv-wissenschaftliche Erkenntnis der geistigen Welt in Abrede. Er dekretiert, dass es eine Wissenschaft des Geistes nicht geben kann. Das ist eine Tat, deren verderbliche Folgen für die ganze Menschheit gar nicht deutlich genug zum Ausdruck gebracht werden können. Eine solche Tat macht die Überwindung des Materialismus unmöglich, der unendliche Zerstörung und unermessliches Leiden über die Menschen bringt. Und wenn Christian Clement selbst die Natur und die Folgen seiner Tat nicht erkennt, so ist das ein weiterer Beweis dafür, dass es nicht-menschliche Geister gibt, die die Aufgabe haben, den Menschen zu verderblichen Taten zu verführen.

Für Menschen, die in jeder Rede von Geisteskampf nur Fanatismus oder Intoleranz sehen können, sei hier noch das Folgende angemerkt. Entwicklung ist nur möglich, wenn Faust und Mephisto, wenn Mensch und Teufel ehrlich-unerbittlich gegeneinander kämpfen. Um frei zu sein, muss der Mensch wählen können zwischen dem, was ihn fördert, was für ihn «gut» ist, und dem, was für ihn verderblich oder «böse» ist. Kämen Faust und Mephisto zu einer Einigung, zu einer «Schlichtung», so würde schlagartig alle Entwicklung aufhören und der ganze Spaß von Mensch und Welt wäre zu Ende. Im Geisteskampf zwischen dem Guten und dem Bösen ist der Mephisto für den Menschen weder gut noch böse, er ist schlicht notwendig für die Erfahrung der Freiheit. Es gilt für ihn dasselbe wie für die Naturgrundlage, die auch für die Entwicklung des Menschen weder gut noch böse ist, sondern notwendig. Für den Menschen förderlich oder nachteilig, für ihn gut oder schlimm kann nur die Art sein, wie er in seiner Freiheit mit dem Mephisto umgeht – mit allen Gegenkräften, die die notwendige Aufgabe erfüllen, zum Selbstzerstörerischen zu verführen. Wenn Faust den Mephisto nicht durchschaut und ihm erliegt, so ist das für ihn nachteilig, verderblich. Wenn er ihn durchschaut und ihm widersteht, so kommt er weiter.

Der Anfang des Bösen ist für den Menschen immer das Versäumen eines Guten. Ein solches Versäumen ist nicht notwendig, aber es muss immer möglich bleiben, sonst gäbe es wiederum keine Freiheit. Der schlauere Verführer versucht den Menschen nicht gleich zum Tun des Bösen – da wäre er zu leicht durchschaut –, sondern zuerst zum Versäumen des Guten. Diese Versuchung ist schwieriger zu durchschauen, denn man muss viel wachsamer, viel wacher sein, um ein mögliches Gutes nicht zu übersehen, als um ein mit Macht wirkendes Böses zu bemerken. Der Mensch, der den Geist nicht durchschaut, der ihn zum Versäumen versucht, wird für die Einflüsterungen böser Geister immer weiter anfällig.

Das Urphänomen des Guten in unserer Zeit, das es nicht zu versäumen gilt, ist das Eintreten für die Geisteswissenschaft, damit sie in allen Bereichen des Lebens wirksam wird. Wenn diese Geisteswissenschaft «schwach, recht schwach» (s. folgendes Zitat) ist, wenn sie keine Kraft entfalten kann, dann wird das Zerstörerische des Materialismus nur immer verhängnisvoller, wie die hier veröffentlichten Vorträge von immer neuen Seiten vor Augen führen. Nur eine zeitgemäße Geisteswissenschaft, die kulturprägend wirkt, kann die Menschen heute vor den schlimmen Wirkungen einer materialistisch ausgerichteten Lebensweise bewahren, die im Westen ihren Ursprung hat und von dort ihre weltweite Wirksamkeit entfaltet:

«Die Gegner, meine lieben Freunde, sie stehen auf ihren Posten. Die Gegner entwickeln alle Intensität des Kampfes. Unser Kampf, dasjenige, was wir vermögen, es ist schwach, recht schwach, und unsere Auffassung der Anthroposophie ist in vieler Beziehung schläfrig,

25

recht schläfrig. Das ist der große Schmerz, der sich heute ablagert auf dem, der die Dinge voll durchschaut. Man fühlt es so oft, wie man mit dem, was man meint, dass es aus den Forderungen der Zeit heraus gesprochen ist, dass es gerade zur sozialen Heilung der Zeit gesprochen ist, wie man mit dem kaum etwas anderes redet als dasjenige, was die Menschen als ein gesprochenes Feuilleton hinzunehmen haben.» (S. 162).

Der moderne Intellektualismus, der im Westen Naturwissenschaft und Technik hervorgebracht hat, kann Rudolf Steiner zufolge lediglich ein materialistisches Wirtschaftsleben zustande bringen – ein soziales Leben, in dem kein freies Geistesleben möglich ist, in dem die Politik nur den Interessen der Wirtschaft dient. So ist heute das soziale Leben überall im Westen, so ist das Wirtschaftsleben Amerikas, das das Weltgeschehen bestimmt. Und wie eindrucksvoll schildert Rudolf Steiner im dritten Vortrag, dass ein materialistisches Wirtschaftsleben, das keine Geisteswissenschaft verträgt, mit Notwendigkeit zerstörerisch wirkt! Man braucht nur an die Kriege zu denken, die von den USA überall in der Welt geschürt werden. Der Irakkrieg 2003 mit seinen weltweit verheerenden Folgen ist nur ein Beispiel.

Dadurch, dass ein materialistisches Wirtschaftsleben das Entstehen eines selbstständigen Geisteslebens verhindert, hat das überschüssige Kapital keine Möglichkeit, immer von

Neuem zu den Begabten zurückzufinden. In seinem wider-
natürlichen Bestreben, sich weiter zu vermehren, kann das
Kapital nur immer neue Zerstörungsherde erzeugen. Vor
hundert Jahren, als das Kapital noch entfernt davon war, das
Mehrfache von dem zu betragen, was die Realwirtschaft
braucht, sagt Rudolf Steiner:

> «Würde unter der modernen Verständigkeit [...] das Ka-
> pital bei einem Menschen bleiben auch dann, wenn er es
> nicht mehr selbst verwalten kann, dann würde der Kreis-
> lauf des Kapitals selbst das Wirtschaften bewirken – und
> Zerstörung müsste kommen. Da muss das Geistesleben
> eingreifen, da muss über das Geistesleben das Kapital
> an denjenigen gebracht werden, der wieder bei seiner
> Verwaltung dabei ist. Das ist der innere Sinn der Drei-
> gliederung des sozialen Organismus, dass man sich im
> richtig gedachten dreigliedrigen sozialen Organismus
> keiner Illusion hingibt, dass das Wirtschaftsleben der
> modernen Zeit ein zerstörendes Element ist, und dass
> ihm fortwährend das aufbauende Element des geistigen
> Gliedes des sozialen Organismus entgegengesetzt wer-
> den muss.» (3. Vortrag, S. 114).

Die größte Kultursorge sah Rudolf Steiner darin, dass es
in der heutigen Menschheit nur den Osten und den Westen
gibt – und dazwischen keine eigenständige Kultur der Mitte, keine Vermittlung. Im Osten lebt eine alte Geistigkeit, die

unzeitgemäß geworden ist, weil sie für die irdische Aufgabe des modernen Menschen nicht taugt. Im Westen herrscht ein Intellektualismus, der durch Naturwissenschaft und Technik nur ein materialistisches Wirtschaftsleben zustande bringen kann, in dem der Geist nur im privaten Leben eine Rolle spielen darf. Geisteswissenschaft ruft dem Menschen zu: «Ein neuer Geist muss die Menschheit durchziehen!» (2. Vortrag, S. 86). Das ist ein Geist, der den Spiritualismus des Ostens und den Materialismus des Westens im Gleichgewicht hält, der sie ausgleichen und miteinander versöhnen kann. Wenn die Mitte diese Aufgabe nicht erfüllt, können Ost und West nur aufeinanderprallen und immer weitere Zerstörung hervorbringen. Die gegenwärtige Krise der Ukraine ist nur ein kleines Symptom dieses Gegensatzes von Ost und West, dem die wirksame Vermittlung fehlt.

Der westliche Intellektualismus, der heute unangefochten die Kultur prägt und das Weltgeschehen bestimmt, kennt vom Geist nur den menschlichen Intellekt, nur die menschliche Vernünftigkeit. Die konkrete Rede von außer- oder übermenschlichen Geistern und ihrem Wirken ist für ihn nur ein Ausdruck von Fanatismus oder von «Selbstsuggestion». Ein solcher materialistisch-intellektualistischer Mensch kann zugleich vom Glauben an den Geist, an den göttlichen Geist, durchdrungen sein. Aber dieser Glaube, weil bloß subjektiv, weil ganz abstrakt und unbestimmt, hat nicht die Kraft, in das Leben einzugreifen. Das Leben des Gläubigen und das Leben des Bürgers durchdringen nicht einander, sie laufen parallel. Religiöse Gemeinschaften können wie in den USA unterschiedliche, gar entgegengesetzte Glaubensrichtungen haben, und trotzdem in der materialistischen Ausrichtung des Lebens, wo *progress and prosperity* das oberste Ziel sind, ganz einig sein. Seinen gesichertsten Platz findet Gott auf dem Dollarschein: «In God we trust».

Der Leser der hier veröffentlichten Vorträge kann nur staunen, wie zeitgemäß die Ausführungen Rudolf Steiners sind. Sie sind in dem Sinne brandaktuell, dass ein Jahrhundert später die Chancen der Anthroposophie, kulturprägend zu wirken, nur noch geringer geworden sind, obwohl schon zu seiner Zeit Rudolf Steiner beklagt:

> «Aber es hat sich recht schwer durchzukämpfen das, was als Geisteswissenschaft und als geisteswissenschaftliche Kultur vor die Welt heute nicht hintreten will, sondern hintreten muss. Und überall machen sich diejenigen geltend, die diese Geisteswissenschaft nicht aufkommen lassen wollen. Wenig tatkräftige Arbeiter sind auf diesem Boden der Geisteswissenschaft da, während die anderen, die in das Werk der Zerstörung hineinführen, tatkräftig sind.» (Dritter Vortrag, S. 124).

Als ein Symptom dieses Tatkräftigseins kann die Art gelten, wie Prof. Clement den Andersdenkenden herabsetzt, indem er persönlich wird und in aller Welt Folgendes verbreitet:

29

«[...] tritt mit Pietro Archiati ein weiterer in paranoiden Feindbildern verhedderter Glaubensstreiter in die Schranken», der wie das Tier «nur mit Abwehrreflexen» reagieren kann (zitiert in *Symptomatologische Illustrationen, Forum,* Februar-März 2014, S. 3 – mit Quellenangabe: «http://www.academia.edu/5553990/»). Am 27.10.2014 prägt er auf seiner Facebook-Seite das verächtliche Wort «Archiatosophie». Bei einer solchen Stufe der Menschenverachtung vonseiten eines Mormonenprofessors, der in seinen Förderern eine beträchtliche irdische Macht hinter sich hat, wird die Dimension des Geisteskampfes um die Anthroposophie deutlich, von dem Rudolf Steiner nicht nur in den hier gedruckten Vorträgen gesprochen hat.

Mögen recht viele Menschen die Einsicht gewinnen, dass es bei der Anthroposophie um nichts Geringeres geht als um die Rettung der Menschlichkeit – um die Überwindung der Unmenschlichkeit des Materialismus, der ein unendliches Maß an Zerstörung und Leiden über die Menschen weltweit bringt. Nur das denkerische Erfassen und das tatkräftige Ernstnehmen der Wirklichkeit des Geistes durch eine zeitgemäße Geisteswissenschaft kann die Menschlichkeit auf der Erde retten. Mögen recht viele Menschen den Mut finden, in unserer Zeit des Materialismus die Wissenschaft des Geistes ernst zu nehmen.

Pietro Archiati
im Herbst 2014

Erster Vortrag

Das Soziale in Ost, West und der Mitte
Übermenschliche Geister am Werk im Westen

Dornach, 22. Oktober 1920[4]

Meine lieben Freunde! Mit dem 15. Jahrhundert ist für die Entwicklung der zivilisierten Menschheit der nördlichen Halbkugel eine Zeit eingetreten, in der sich die Individualität des Menschen im vollen Ich-Bewusstsein immer mehr

---

4 Der Vortrag beginnt mit einem Nachruf: «Meine lieben Freunde! Gestern Abend hat unser lieber Freund Lille den physischen Plan verlassen. Eine überwiegend große Anzahl derjenigen Freunde, die seit Jahren hier an diesem Bau arbeiten, und auch solche, die immer wieder hierher gekommen sind, kennen unseren Freund und haben ihn zweifellos sehr lieben gelernt. Lille war eine Persönlichkeit, die ganz der anthroposophischen Sache ergeben war, eine Persönlichkeit, die mit inniger Liebe an allen Arbeiten und an dem ganzen Zustandekommen unseres Baues hing. Als Lille vor einiger Zeit, durch seine Verhältnisse veranlasst, nach seinem Heimatland zog, war in ihm schon der Keim derjenigen Krankheit, die jetzt ihn hinweggerafft hat. Es zog ihn aber wieder hierher. Der gegnerische Geist in seinem Körper warf ihn aufs Krankenlager, als er wiederum hierher gekommen war im vorigen Jahr. Es war eine schwere Zeit, die er hier durchgemacht hat. Dann suchte er Erholung in den Bergen, immer dessen gedenkend, was hier für die Menschheit entstehen soll, und voll überzeugt davon, welchen Wert das hat, was hier entstehen soll. Als unsere Kurse hier begannen, fand er sich hier wiederum ein, obwohl er schwer litt und dem Tod nahe war. Mit einer innigen Anteilnahme, mit einem wirklichen inneren Sonnenleuchten konnte er eine Anzahl der Darbietungen in der ersten Woche des Kurses noch mitmachen.

31

herausbilden soll. Die Kräfte, die dieses individuelle Ich-Bewusstsein herausarbeiten, werden sich immer mehr verstärken. Alle Erscheinungen des Lebens gehen im Zeichen dieser Heranbildung der Individualität vor sich.

Das heißt aber nichts anderes, meine lieben Freunde, als dass auch das, was von der geistigen Welt herkommt und in unsere physische Welt hereinspielt, dass auch das einen solchen Verlauf nimmt, dass in der ganzen Menschheit das Menschlich-Individuelle zur Geltung kommt. Denn nicht allein darum handelt es sich, dass die einzelnen Menschen in egoistischer Art denken: Wir werden Individualitäten. Sondern es handelt sich darum, dass die Entwicklung der Gesamtmenschheit einen solchen Verlauf nimmt,

---

Dann hinderte ihn die Krankheit wieder daran. Und noch ganz kurz, noch einen Tag vor seinem Tod versicherte er mir, wie außerordentlich froh er ist, dass er diesen Teil des Kurses, den er hat noch mitmachen können, auf sich hat wirken lassen. Er ist mit Mut und im Licht in die geistige Welt hinübergegangen, kaum einen Unterschied der Welten von hier und dort in sich selbst annehmend. Er ist hinübergegangen als eine unserer treuesten mitarbeitenden Seelen, die ganz gewiss alle ihre Gedanken, ihr ganzes Streben mit dem vereinigt halten wird, was hier entsteht. Und überzeugt davon werden diejenigen sein, die unseren lieben Freund haben kennen und in seiner Art schätzen lernen. Sie werden ihm treulich auch zu seinem jetzigen weiteren Lebensweg ihre Gedanken nachsenden. Er wird sie ganz sicher, nachdem er in seinem Erdenleben immer wieder nach dem Bau hergestrebt hat, schon vorauszeigend, wie sein ganzes Wesen hierher gerichtet ist, er wird ganz gewiss mit denjenigen seine Gedanken vereinigen, die von hier aus zu ihm hinaufkommen. Zum Zeichen dessen, meine lieben Freunde, erheben wir uns von den Sitzen.

Die Kremation wird am Montag Nachmittag um 4 Uhr in Basel stattfinden.»

dass das Individuelle des Menschen in diese Entwicklung hineinwirkt.

Jedes Zeitalter, jede Epoche, die wir im Laufe der Menschheitsentwicklung verfolgen können, hat diese oder jene besondere Eigentümlichkeit, je nachdem, wie sie das eine oder das andere entwickelt, so wie jetzt die Individualität. Diese Eigentümlichkeiten werden der Menschheitsentwicklung durch die Art aufgedrückt, wie die geistigen Mächte in das Erdenleben der Menschheit hereinwirken.

Gerade durch die Abgeschlossenheit, die der einzelne Mensch jetzt darstellt, wo die Individualität herauskommen und das Ich-Bewusstsein sich voll entwickeln soll, wo die Bewusstseinsseele sich konturieren, sich in sich zusammenschließen soll, gerade durch diese besondere Eigentümlichkeit wird diese Epoche nicht wie frühere Epochen nur von der geistigen Welt aus dirigiert, sondern es kommen da innerhalb der Menschheitsentwicklung selbst ganz besondere Dinge zum Vorschein. Der Mensch, der durch die Entwicklung seiner Individualität immer mehr zu seiner Freiheit erzogen wird, der muss auch immer bewusster zu dem Stellung nehmen, was da herauskommen soll.

Insbesondere handelt es sich darum, dass ein soziales Leben sich gestalten muss – aber von unserem Gesichtspunkt aus müssen wir sagen: tief innerlich im Menschen begründet ein soziales Leben sich gestalten muss –, obwohl die dem sozialen Leben entgegengesetzten, stark egoistischen

Kräfte der Bewusstseinsseele immer mehr aus den Tiefen des Daseins herauskommen. Auf der einen Seite sind die stark egoistischen Kräfte der Bewusstseinsseele da, auf der anderen Seite umso mehr die Notwendigkeit, bewusst ein soziales Leben zu begründen. Bewusst müssen wir zu all dem Stellung nehmen, was das soziale Zusammenleben erfordert.

Wir haben im Laufe der Zeit von den verschiedensten Gesichtspunkten aus dargelegt, wie verschieden sich die ganze Stellung des westlichen Menschen, des Menschen der europäischen Mitte und des östlichen Menschen zu der ganzen Menschheitsentwicklung ausnimmt. Wir haben auf Verschiedenes hingedeutet, was den östlichen Menschen heute eigen ist, was den Menschen der europäischen Mitte eigen ist und was dem westlichen Menschen eigen ist. Wir wollen heute auf eine Erscheinung hinweisen, die uns schon äußerlich zeigen kann, wie sich diese Differenzierung der Menschheit über die zivilisierte Welt hin auslebt.

Unter dem Einfluss der modernen naturwissenschaftlichen Denkweise hat sich ein Lebensanschauungselement im sozialen Leben entwickelt, das besonders stark in den breiten Massen des Proletariats zum Ausdruck kommt, die sich in unserem Maschinenzeitalter, in unserem intellektuellen Zeitalter heraufentwickelt haben. Ich habe all das, was dabei für die soziale Frage in Betracht kommt, in dem ersten Teil meiner *Kernpunkte der sozialen Frage* dargestellt. Ich möchte heute nur auf die Differenzierung der Anschauung breiter Menschenmassen über die soziale Frage hinweisen.

Da haben wir die soziale Anschauung des Proletariats, die dann aber auf die anderen Kreise der Bevölkerung abfärbt, da haben wir die soziale Anschauung des Proletariats deutlich von den anderen Anschauungen differenziert in den westlichen, namentlich den angelsächsischen Ländern. In diesen Ländern hat sich – unter dem Einfluss des modernen Maschinenzeitalters und der Industrie und durch den Materialismus der führenden Klassen der Menschheit hervorgerufen – jene sozialistische Lebensanschauung der breiten Masse herausgebildet, die hier öfter charakterisiert worden ist.

Aber es hat sich diese sozialistische Lebensanschauung so ausgebildet, dass sie ganz unter dem Zeichen der wirtschaftlichen Impulse steht, dass sie ganz von wirtschaftlichen Vorstellungen und wirtschaftlichen Kämpfen durchdrungen ist, dass sie wenig von Lebensanschauungskämpfen durchdrungen ist. Das ist die Signatur dessen, was innerhalb der sozialistischen Welt des angelsächsischen Westens vor sich geht: Weil das Wirtschaftsleben der eigentliche Charakter des neuzeitlichen öffentlichen Lebens überhaupt war, so gingen in der angelsächsischen Bevölkerung auch die Impulse des Sozialismus aus diesen Lebensverhältnissen des Proletariats hervor.

Was sich an Impulsen zum Beispiel jetzt in der großen Streikbewegung äußert, das ist bedeutsam, das ist charakteristisch gerade für das, was sich im Westen von dieser Seite her gestaltet. Selbst wenn die Diskrepanzen beigelegt werden, die da bestehen, wäre es nur eine scheinbare Beilegung. Es werden ganz bedeutsame Wirkungen gerade von dem ausgehen, was in diesen Kämpfen an tieferen Kräften spielt. Und wenn auch nach der ganzen Veranlagung des Westens aus diesen Impulsen sich keine neue Lebensanschauung herausentwickelt, so können wir deutlich wahrnehmen, dass die Lebensanschauungen, die sich innerhalb der letzten Zeit gebildet haben, ihren Anstoß von dem erhalten haben, was da als wirtschaftliche Impulse vorhanden ist.

Karl Marx hat, obwohl er in Mitteleuropa geboren ist, aus mitteleuropäischer Gedankenströmung hervorgegangen ist, er hat nach England gehen müssen, um das aufzunehmen, was sich dort an wirtschaftlichen Impulsen entwickelt hat. Aber er hat es in der Mitte Europas zu einer Lebensanschauung umgestaltet. Der Marxismus als Lebensanschauung ist nicht in den westlichen Gegenden selbst zum Dasein gekommen, er ist in der Mitte Europas zum Dasein gekommen. In den Zielen der Sozialdemokratie hat er ganz den Charakter einer Lebensanschauung angenommen.

Was im Westen wirtschaftliche Impulse sind, die zu wirtschaftlichen Kämpfen führen, das wird in der Mitte Europas in juristisch-staatliche Vorstellungen gebannt. Das lebt hier in der zweiten Hälfte des 19. Jahrhunderts und in das 20.

36

Jahrhundert hinein als marxistische Lebensanschauung und ergreift die breite Masse der Bevölkerung.

Das lebt sich aber auch nach dem Osten hinüber aus, da (in Russland), wo in Europa schon der Charakter des Östlichen beginnt. Und da lebt es sich wieder in einer anderen Form aus. Wirtschaftlich im Westen; staatlich-politisch in der Mitte; im Osten nimmt es einen deutlich religiösen Charakter an.

Wenn nicht jene Fälschung wäre, die sowohl durch die Überflutung des Ostens durch Peter den Großen vorhanden war, als sie auch jetzt durch Lenin und Trotzki wieder vorhanden ist, wenn nicht jene Fälschung wäre, die dadurch entsteht, dass das, was sich da als Bolschewismus geltend macht, ein fremder Import ist, so würde man viel deutlicher sehen, dass auch in diesem Bolschewismus ein stark religiöses Element steckt, das ganz materialistisch ist, aber mit dem Furor eines religiösen Impulses wirkt und weiter wirken wird. Es wird sein Furchtbares durch ganz Asien hindurch gerade dadurch zeigen, dass es mit dem Furor eines religiösen Impulses wirkt.

Der soziale Organismus ist wirtschaftlich im Westen, staatlich-politisch in der Mitte Europas; schon von Russland an und weiter nach dem Osten, nach Asien hinüber, wirkt er mit einem religiösen Furor. Gegenüber diesen Impulsen, die da durch die Entwicklung der Menschheit ziehen, ist vieles andere höchst unbedeutend. Derjenige, der in solchen

Dingen wie im jetzigen englischen Bergarbeiterstreik nicht etwas in intensivstem Sinne symptomatisch Bedeutsames sieht, der versteht nicht das Wühlen tieferer Kräfte in unserer ganzen Zeitentwicklung.

All das, was man so äußerlich schildern kann, all das hat seine tieferen Untergründe, und zuletzt hat es seine tieferen Untergründe in der geistigen Welt. Das neuere Menschheitsleben kann nur verstanden werden, wenn man diese Gliederung macht in ein wirtschaftliches Element im Westen, in ein politisch-staatlich-juristisches Element in der Mitte Europas, und in ein religiöses Element im Osten – in ein Element im Osten, das äußerlich einen religiösen Charakter trägt, das aber ein geistiges Moment ist, wie es sich im Osten nur in der Dekadenz ausleben kann.

Das zeigt sich so stark, dass man sagen muss: Für den Westen ist es natürlich, und es erfolgt gründlich, dass er all das hat, was wirtschaftlich ist. Für die Mitte kann ein bloßes wirtschaftliches Streben deshalb keinen Erfolg haben, weil in der Mitte jedes wirtschaftliche Streben einen staatlich-politischen Charakter annimmt. Und im Osten Europas ist der große äußere Misserfolg dadurch entstanden, dass durch die Tradition Peters des Großen das, was aus einem geistig-religiösen Impuls heraus stammt, der Panslawismus, das Slawophilentum, dass das einen politischen, einen staatlichen Charakter angenommen hat. Hinter diesem staatlichen Charakter, der all das Entsetzliche herausgetrieben hat, was sich im europäischen Osten entwickelt hat, hinter diesem staatlichen Charakter, der seit Peter dem Großen allem östlichen Streben seine Signatur aufgeprägt hat, hinter all dem steht die Tendenz zur Fortsetzung von Byzanz, steht geistige Byzanz-Religiosität. Die einzelnen Erscheinungen des geschichtlichen Lebens werden nur verständlich, meine lieben Freunde, wenn man sie in diesem Licht sehen kann.

Was in Europa gegen den Westen bis Frankreich hin liegt, das kann zur europäischen Mitte gerechnet werden, denn charakteristisch für den Westen ist eigentlich das Angelsachsentum. Und dieses Angelsachsentum geht seinen Instinkten nach mit den der Menschheitsentwicklung naturgemäßen Impulsen der letzten drei bis vier Jahrhunderte. Diese Impulse haben dahin geführt, dass sich gerade in diesem Westen all das am besten entwickeln konnte, was dem sozialen Leben durch die moderne naturwissenschaftliche Denkweise und ihren technischen Errungenschaften aufgedrängt wurde. Diese moderne naturwissenschaftliche Denkweise mit ihren Errungenschaften hat zusammen mit dem Charakter des Angelsachsentums die Weltherrschaft dieses Angelsachsentums begründet.

All das, was aus der modernen Naturwissenschaft heraus an glänzendem Aufschwung des Verkehrswesens, des Handelswesens, des Industriewesens und so weiter gekommen ist, all das, was zur Lösung der großen Kolonisationsfragen geführt hat, all das ist durch den Zusammenfluss der naturwissenschaftlichen Denkweise mit dem Charakter des Angelsachsentums entstanden. Das wurde instinktiv im Westen tief empfunden.

Man kann auf einen Knotenpunkt der modernen geschichtlichen Entwicklung hinweisen: auf das Jahr 1651, als der geniale Cromwell mit der Navigationsakte[5] jene Konfiguration im englischen Seewesen und im ganzen englischen Handelswesen hervorgerufen hat, die im Westen all das begründet hat, was später gekommen ist. Man kann dann darauf hinweisen, dass aus einem äußerlich unerklärlichen Instinkt heraus die französische Seeschifffahrt den größten

---

5 Oliver Cromwell (1599-1658), englischer Staatsmann. Seine Navigationsakte (Navigation Ordinance) von 1651, die vor allem die Niederlande hart traf, lautet übersetzt wie folgt (Auszug, s. wikipedia, «Navigationsakten»):

«Um die Zunahme der Seemacht zu fördern und die Schifffahrt dieser Nation zu ermutigen, die unter der guten Fürsorge und im Schutze Gottes ein so großes Mittel der Wohlfahrt und Sicherheit dieses Gemeinwesens ist, wird durch dieses Parlament verfügt, dass vom 1. Dezember 1651 an Güter oder Waren welcher Art immer, die aus Asien, Afrika oder Amerika stammen, sowohl von den englischen als von anderen Kolonien in die englische Republik eingeführt werden sollen, auf keinem anderen Schiffe, als nur einem wirklich dem Volke dieser Republik zugehörigen und wovon Kapitän und Matrosen zum größten Teil Engländer sind, unter der Strafe des Verlustes aller Güter, die im Widerspruch zu diesem Gesetz eingeführt werden sollen, als auch des Schiffes [...]

Und es wird weiter verordnet, dass keine Waren, die aus Europa stammen, nach dem 1. Dezember 1651 nach England eingeführt werden auf irgendeinem Schiff, es sei denn wirklich englisch, ausgenommen solche fremden Schiffe, die dem Volke des Landes gehören, aus dem die Güter stammen und das unter der gleichen Strafe [...]»

Mangel leidet, gerade als der Stern Napoleons aufgeht. Was im Westen geschieht, das geschieht aus den in der Richtung der Menschheitsentwicklung liegenden Kräften. Es geschieht ganz aus einer wirtschaftlichen Denkweise heraus, aus wirtschaftlichen Vorstellungsimpulsen heraus. Daher muss ihm all das unterliegen, was von der Mitte kommt und was nicht aus wirtschaftlichen, sondern aus juristisch-politischen und militärischen Gesichtspunkten heraus gedacht ist.

Wir sehen als krasses Beispiel, wie Napoleon aus einem politisch-militärischen Gesichtspunkt heraus in der Kontinentalsperre[6] von dem europäischen Kontinent aus dem

---

6 Die Kontinentalsperre (frz. blocus continental) wurde von Napoleon am 21. November 1806 in Berlin verfügt. In wikipedia findet sich unter «Berliner Dekret» folgender Auszug:

> «Artikel 1: *Die Britischen Inseln sind in Blockade-Zustand erklärt.*
> Artikel 2: *Aller Handel und alle Correspondenz nach den Britischen Inseln sind verboten.* [...]
> Artikel 4: *Jedes Individuum, welches Englischer Unterthan ist, es möge seyn, von welchem Stande es wolle, welches man in den Ländern finden wird, die von unseren Truppen, oder von den Truppen der Alliireten besetzt sind, soll zum Kriegsgefangenen gemacht werden.*
> Artikel 5: *Jedes Magazin, jede Waare, jedes Eigentum, es sey von welcher Art es wolle, welches einem Englischen Unterthan gehört, soll für gute Prise erklärt werden.*
> Artikel 6: *Der Handel mit Englischen Waaren ist verboten, und jede Waare, die England gehört, oder aus seinen Fabriken oder Colonien kommt, wird für gute Prise erklärt.* [...]
> Artikel 10: *Gegenwärtiges Dekret soll von unserem Minister der auswärtigen Angelegenheiten den Königen von Spanien, von Neapel, von Holland und Hetrurien und Unseren andern Alliirten mitgetheilt werden, deren Unterthanen, so wie die Unsrigen, das Opfer der Ungerechtikeit und der Barbarey der Englischen Gesetzgebung zur See sind.»*

etwas entgegenstellt, was aus der Navigationsakte von Cromwell hervorgegangen ist. Die Navigationsakte ist aus wirtschaftlichen Instinkten heraus gedacht und geschaffen, die Kontinentalsperre Napoleons im Beginn des 19. Jahrhunderts ist ein politisch Gedachtes. Aber ein politisch Gedachtes ist etwas, was aus früheren Zeiten in die neuere Zeit hereinragt, es ist ein Antiquiertes, ein Anachronismus. Daher kann auch dieses politisch Gedachte nicht gegen das neuzeitlich Gedachte aufkommen, das aus der Navigationsakte entspringt. Dagegen haben im Westen, wo im Sinne der neueren Zeit wirtschaftlich gedacht wird, da haben politische Dinge, auch wenn sie im ungünstigen Sinne verlaufen, keine schädliche Wirkung.

Nehmen wir die Tatsache, dass Frankreich von Europa ausgehend in Nordamerika kolonisiert hat. Es hat die Kolonien an England verloren, die Kolonien machten sich wieder frei. Das französische Kolonisieren im 18. Jahrhundert war eine politische Tätigkeit – es trug keine Früchte. Das englische Kolonisieren in Nordamerika kam ganz aus wirtschaftlichen Impulsen heraus. Das Politische konnte zugrunde gehen, Nordamerika machte sich frei, ein politischer Zusammenhang existierte nicht mehr – aber dem wirtschaftlichen Zusammenhang wurde kein Schaden getan.

So gliedern sich in der menschlichen Entwicklung die Dinge zusammen. In der Geschichte zeigt sich, dass, wenn zwei dasselbe tun, es nicht dasselbe ist. Als Cromwell zur rechten Zeit aus wirtschaftlichen Impulsen heraus seine für die anderen Mächte außerordentlich tyrannische Navigationsakte geschaffen hat, da war diese Navigationsakte aus wirtschaftlichem Denken entsprungen. Als der Tirpitz innerhalb der neueren Entwicklung die deutsche Schifffahrt, die deutsche Marine schuf, da war das rein politisch gedacht, ohne jeden wirtschaftlichen Impuls, sogar gegen jeden wirtschaftlichen Instinkt. Heute ist das von der Erdoberfläche hinweggefegt, weil es gegen den Lauf der Menschheitsentwicklung gedacht und gewollt war.

Und so könnte man in Bezug auf alle einzelnen Erscheinungen zeigen, wie diese Dreigliederung historisch da ist: Im Osten etwas, was auf alte Zeiten der menschlichen Entwicklung zurückweist und was einen geistigen Charakter hat, in der Mitte Europas etwas, was heute schon antiquiert ist, was immer die Form des Politisch-Juristischen, des Staatlich-Militärischen annimmt. Im Westen ist der Staat immer nur Dekoration, das Politische hat gar keine Bedeutung, keine wirkliche Bedeutung, da präponderiert (überwiegt) das wirtschaftliche Denken.

Während Deutschland daran zugrunde gegangen ist, dass sein Staat die Wirtschaft aufgesogen hat, dass die Industriellen, die Kommerziellen (Handelsleute) unter die Macht des Staates untertauchten, sich duckten, sehen wir, dass im Westen der Staat von dem Wirtschaftsleben aufgesogen wird, dass alles vom Wirtschaftsleben überflutet ist.

Das ist äußerlich gesehen die Differenzierung über die heutige zivilisierte Welt hin.

Aber das, was man äußerlich sehen kann, das ist nur aus den Untergründen der geistigen Welt heraus an die äußere Oberfläche getragen.

Es ist alles in der geistigen Entwicklung der neueren Zeit daraufhin angelegt, meine lieben Freunde, die Individualität emporzubringen, die Individualität im Westen nach westlicher Art, nach wirtschaftlicher Art, die Individualität in der Mitte nach der heute schon antiquierten staatlich-politisch-militärischen Art, die Individualität im Osten nach der noch antiquierteren, vollständig in der Dekadenz lebenden alten Geistigkeit: Das muss alles von der geistigen Welt hereingetragen werden.

Und es wird dadurch hereingetragen, dass sowohl im Westen als auch im Osten – wir wollen zunächst von diesen zwei Gebieten reden –, dass sowohl im Westen als auch im Osten eine eigentümliche, tief bedeutsame Erscheinung auftritt. Es ist diese, dass viele Menschen, verhältnismäßig viele Menschen geboren werden, die nicht den regelmäßigen Gang der Wiederverkörperung zeigen.

Es ist schwierig, über ein solches Problem wie die Wiederverkörperung zu sprechen, weil man nicht in einem heute beliebten abstrakten Sinne von ihr sprechen kann, weil ein solches Problem zwar auf etwas hinweist, was eine bedeutsame Realität in der Menschheitsentwicklung ist, was aber Ausnahmen erleidet. Wir sehen sowohl im Westen als auch im Osten – von der Mitte werden wir noch in den nächsten Tagen zu reden haben –, wir sehen sowohl im Westen als auch im Osten, dass heute Menschen geboren werden, denen wir nicht so gegenübertreten, dass wir sagen können: Es lebt in diesen Menschen in regelmäßiger Weise eine Individualität, die da war in einem früheren Leben und wieder in einem noch früheren Leben, die da sein wird in einem späteren Leben und wieder in einem noch späteren Leben.

Diese Wiederverkörperungen sind der regelmäßige Gang der Menschheitsentwicklung, aber sie erleiden Ausnahmen. Das, was uns in Menschenform entgegentritt, muss nicht immer das sein, was der äußere Schein zeigt. Der äußere Schein kann nur Schein sein, es können uns Menschen in Menschenform entgegentreten, die nur dem äußeren Schein nach solche Menschen sind, die wiederholten Erdenleben unterliegen. In Wahrheit sind das Menschenkörper – ein physischer, ein ätherischer und ein astralischer Leib[7] –, aber in diesen Körpern verkörpern sich andere Wesenheiten, Wesenheiten, die sich solcher Menschenkörper bedienen, um durch sie zu wirken.

Im Westen gibt es eine große Anzahl solcher Menschen, die nicht wiederverkörperte Menschen sind, sondern Träger

_____

7 s. «Fachausdrücke» S. 183.

von Wesenheiten, die einen verfrühten Entwicklungsgang zeigen, die erst in einem späteren Entwicklungsstadium in Menschenform auftreten sollten. Diese Wesenheiten benutzen nicht den ganzen menschlichen Organismus, sondern sie benutzen von diesen westlichen Menschen das Stoffwechselsystem. Von den drei Gliedern der menschlichen Natur benutzen sie das Stoffwechselsystem so, dass sie durch diese Menschen in die physische Welt hereinwirken. Solche Menschen zeigen auch äußerlich für den, der das Leben richtig betrachten kann, dass es so mit ihnen steht.

So ist eine große Anzahl jener Menschen, die in angelsächsischen Geheimgesellschaften leben, die angelsächsischen Geheimgesellschaften angehören – die Rolle solcher Geheimgesellschaften haben wir in den letzten Jahren wiederholt besprochen –, so sind viele Angehörige solcher Geheimgesellschaften, die einflussreich sind, Träger solcher verfrühten Existenzen, die durch das Stoffwechselsystem von Menschen in die Welt hereinwirken, die sich ein Arbeitsfeld durch die Leiber von Menschen suchen, die nicht in regelmäßigen Wiederverkörperungen leben.

Ebenso sind die tonangebenden Persönlichkeiten gewisser Sekten von solcher Art, und namentlich ist die überwiegende Zahl einer sehr verbreiteten Sekte, die großen Anhang hat im Westen, aus Menschen von dieser Art bestehend.[8] Auf

---

8 In *The Encyclopaedia of Religion,* Mircea Eliade Editor in Chief, New York/London 1993, Volume 13, S. 364, schreibt Klaus J. Hausen:

diese Weise wirkt eine ganz andere Geistigkeit in die gegenwärtige Menschheit herein.

Es wird eine wesentliche Aufgabe sein, von diesem Gesichtspunkt aus zum Leben Stellung zu nehmen, nicht in abstrakter Weise zu glauben, dass die Menschen ausnahmslos den wiederholten Erdenleben unterliegen – denn das hieße, dem äußeren Schein nicht den Charakter eines Scheins zuzusprechen. Auf die Wahrheit zu gehen heißt, selbst in solchen Fällen die Wahrheit, die Wirklichkeit zu suchen, wo der äußere Schein so trügt, dass Wesenheiten von anderer Art, als der Mensch der Gegenwart ist, sich in Menschengestalt in einem Teil vom Menschen verkörpern, im Stoffwechselsystem – aber sie wirken dann auch im Rumpfsystem, im rhythmischen System, und im Nerven-Sinnessystem.

Es sind Wesenheiten von dreierlei Art, die sich so durch das Stoffwechselsystem verschiedener Menschen des Westens verkörpern.

«... the founder of the Mormons [Joseph Smith] was perhaps the most original, most successful, and most controversial of several religious innovators – including Ellen Gould White (Seventh-day Adventists), Mary Baker Eddy (Christian Science), and Charles Taze Russell (Jehovah's Witnesses) – who created important religious movements in nineteenth-century America.» *(Der Mormonengründer [Joseph Smith] war vielleicht der originalste, erfolgreichste und umstrittenste von einigen religiösen Erneuerern – darunter Ellen Gould White (Siebenten-Tags-Adventisten), Mary Baker Eddy (Christian Science) und Charles Taze Russell (Jehovas Zeugen) –, die im Amerika des 19. Jahrhunderts wichtige religiöse Bewegungen ins Leben gerufen haben.)*

Die erste Art sind solche Geister, die eine besondere Anziehungskraft zu dem haben, was die elementaren Kräfte der Erde sind, die eine Affektion, einen Hang zu diesen elementaren Kräften der Erde haben, die nach den Naturverhältnissen des Klimas und den sonstigen Verhältnissen der Erde aufspüren können, wie da eine Kolonisation zu betreiben ist, wie dort eine Handelsverbindung anzuknüpfen ist und so weiter.[9]

Eine zweite Art von diesen Geistern sind die, die sich zur Aufgabe setzen, innerhalb des Gebietes, auf dem sie wirken, das Selbstbewusstsein zurückzudrängen, das volle Bewusstsein der Bewusstseinsseele[10] nicht herauskommen zu lassen, und dadurch eine gewisse Sucht hervorrufen – auch in der Umgebung, auch bei anderen Menschen, unter denen sich so etwas epidemisch ausbreitet –, eine gewisse Sucht hervorrufen, sich nicht über die wahren Motive ihrer Handlungen Rechenschaft zu geben.

Ein solcher durch und durch unwahrer Bericht, ein solches unwahres Dokument, wie das der Oxforder Professoren,

---

9 Von Joseph Smith, dem Propheten der Mormonen, heißt es in *The New Encyclpoaedia Britannica* (Band 10, S. 896) über seine frühe Jugend: «… and his neighbours at Palmyra, N.Y., remembered him as a diviner who dug for buried treasure» *(und seine Nachbarn ... hatten ihn als einen Rutengänger in Erinnerung, der nach unterirdischen Schätzen grub).* Sein Nachfolger Brigham Young unternahm eine Kolonisation, die die Mormonen fast 2000 km weiter nach dem Westen über die Rockey Mountains zur Gründung von Salt Lake City in Utah brachte. 10 s. «Fachausdrücke» S. 183.

das in den letzten Tagen an die Öffentlichkeit getreten ist,[11]
ein solches durch und durch verlogenes Dokument, das
möchte man zur Schülerschaft dieses unwahren Elementes
rechnen, das nicht auf die eigentlichen Impulse gehen will,
sondern über diese Impulse eine Soße gießt und schöne Worte prägt, während darunter nichts als unwahre Impulse sind.
Damit behaupte ich nicht, dass diese an sich vielleicht ganz

---

11 Der Brief, von dem Rudolf Steiner spricht, wurde in *The Times* (18.
Oktober 1920, S. 8) unter dem Titel: «Reconciliation. Oxford Letter to
German Intellectuals.» veröffentlicht. Er lautet wie folgt:

«To the Professors of the Arts and Sciences and to Members of
the Universities and Learned Societies in Germany and Austria:

Since there will be many of you who fully share our heartfelt
sorrow and regret for the breach that the war has occasioned in
our friendly intercourse, and since you cannot doubt the sinceri-
ty of the feeling which engendered and cherished that old friend-
liness, you must, we believe, be sharing our hope for its speedy
re-establishment.

We therefore, the undersigned doctors, heads of houses, professors, and other officers and teachers in the University of Oxford,
now personally approach you with the desire to dispel the embit-
terment of animosities that under the impulse of loyal patriotism
may have passed between us.

In the field where our aims are one, our enthusiasms the same,
our rivalry and ambition generous, we can surely look to be rec-
onciled, and the fellowship of learning offers a road which may –
and if our spiritual ideals be alive, must – lead to a wider sympathy
and better understanding between our kindred nations.

While political dissensions are threatening to extinguish the
honourable comity of the great European States, we pray that we
may help to hasten that amicable reunion which civilisation de-
mands. *Impetret ratio quod dies impetratura est.*» *(An die Professoren von Kunst und Wissenschaft sowie an die Mitglieder der
Universitäten und Fachhochschulen in Deutschland und in Ös-
terreich:*

braven Oxforder Professoren – ich mute ihnen nicht große ahrimanische[12] Impulse zu –, ich behaupte nicht, dass sie
selbst Träger solcher verfrühter Wesen sind, aber die Schülerschaft gegenüber solchen Wesen liegt in ihnen. Also diese letzteren Wesen, die inkarnieren sich durch das rhythmische System gewisser Menschen im Westen.

---

*Da viele von Ihnen gewiss den tiefempfundenen Schmerz und
das Bedauern für den Bruch voll mit uns teilen, den der Krieg
in unsere freundlichen Beziehungen hineingebracht hat, und da
Sie nicht die Ehrlichkeit der Gefühle bezweifeln können, die jenes alte Wohlwollen entzündet und in Ehren gehalten hat, so denken wir, dass Sie auch die Hoffnung auf dessen baldige Wiederherstellung teilen.*

*So wenden wir uns nun – wir, die unterzeichnenden Doktoren,
Vorstände, Professoren und andere Führungskräfte und Lehrer
in der Universität zu Oxford – persönlich an Sie mit dem Verlangen danach, die bitteren Feindseligkeiten zu bannen, die sich zwischen uns durch den Impuls eines getreuen Patriotismus gestellt
haben mögen.*

*In den Forschungsbereichen, in denen unsere Ziele einig, unser
Enthusiasmus der gleiche, unser Wettbewerb und Ehrgeiz groß-
herzig sind, können wir sicherlich auf Versöhnung hoffen, und die
Kameradschaft des Lernens öffnet uns einen Weg, der zu einer
richtigen Sympathie und einem besseren Verständnis zwischen
unseren verwandten Nationen führen kann – und muss, wenn unsere geistigen Ideale lebendig sind.*

*Während politische Gegensätze drohen, das ehrwürdige Ein-
vernehmen der großen Staaten Europas auszulöschen, beten wir,
dass wir helfen können, jene freundliche Wiedervereinigung zu
beschleunigen, die von der Zivilisation gefordert wird.* Möge der
Verstand das erstreben, was das Weltgeschehen herbeiführen wird
[Cicero].)

12 Die Geister, die im Westen gegen die Dreigliederung wirken, werden in der Geisteswissenschaft «ahrimanisch», die entsprechenden
Geister im Osten «luziferisch» genannt. s. «Fachausdrücke» S. 183.

Die dritte Gattung von Wesen, die da im Westen wirkt, das ist die, die sich zur Aufgabe macht, im Menschen das vergessen zu machen, was seine individuellen Fähigkeiten sind, jene Fähigkeiten, die er aus den geistigen Welten mitbringt, wenn er durch die Geburt ins physische Dasein schreitet. Den Menschen zur Schablone seiner Nationalität zu machen, den Menschen nicht zur individuellen Geistigkeit kommen zu lassen – das stellt sich diese dritte Art von Wesen zur besonderen Aufgabe.

Während die erste Art von Wesen eine Affektion zu den elementaren Kräften des Erdbodens, des Klimas und so weiter hat, hat die zweite Art von Wesen eine besondere Neigung dazu, ein gewisses oberflächliches, unwahres Element zu züchten. Und die dritte Art von Wesen will die individuellen Fähigkeiten ausrotten, die Menschen zur Schablone, zum Abdruck ihrer Nationalität, ihrer Rasse machen. Diese letztere Art von Wesen inkarniert sich durch das Hauptessystem, das Nerven-Sinnessystem, im Westen.

Da haben wir das, was wir von verschiedenen Seiten als charakteristisch für die westliche Menschenwelt betrachtet haben, da haben wir das dadurch charakterisiert, dass wir eine größere Anzahl von Menschen kennenlernen, die in Geheimgesellschaften, in Sekten und Ähnlichem sind, darin eingestreut sind, deren Menschsein aber darin besteht, dass bei ihnen keine Wiederverkörperungen vorliegen, sondern eine Art von Verkörperung von Wesenheiten vorliegt, die in

51

ihrer Entwicklung hier auf der Erde verfrüht sind, die daher eine besondere Schülerschaft erzeugen, die ihre besonderen Eigentümlichkeiten epidemisch auf andere Menschen ausstrahlen.

Diese drei verschiedenen Arten von Wesen wirken durch Menschen, und wir verstehen solche Menschencharaktere nur, wenn wir das wissen, was ich jetzt gesagt habe, wenn wir wissen: Das, was im öffentlichen Leben lebt, lässt sich nicht bloß so erklären, wie es der Philister will, sondern es muss durch das Hereinragen solcher geistigen Kräfte erklärt werden.

Dass gerade diese drei Arten von Kräften auf dieser besonderen Entwicklungsstufe dort im Westen durch Menschen zum Vorschein kommen, das ist dadurch bedingt, dass diesem Westen auferlegt ist, ganz besonders die wirtschaftliche Denkweise zu entwickeln. Das Wirtschaftsleben ist der Grund und Boden, auf dem so etwas aufschießen kann. Und was stellen sich diese Wesenheiten für eine Aufgabe im Großen und Ganzen, als Totalität?

Sie stellen sich die Aufgabe, meine lieben Freunde, das Wirtschaftsleben als bloßes Wirtschaftsleben zu erhalten und alles andere auszurotten – das auszurotten, was vom geistigen Leben ist, das gerade da, wo es am regsten ist, in die Abstraktheit des Puritanismus zusammengeschrumpft ist, dann das abzustumpfen, was politisch-staatliches Leben ist, und alles durch das Wirtschaftsleben aufzusaugen.

Im Westen sind diese Menschen, die in einer solchen Weise in die Welt treten, die eigentlichen Feinde und Gegner des Dreigliederungsimpulses. Sie sind die [Lücke in der Klartextnachschrift] des Dreigliederungsimpulses.

Die erste Art von Wesen lässt nicht ein solches Wirtschaftsleben aufkommen, das sich neben ein selbstständiges staatlich-rechtliches Glied und neben ein selbstständiges geistiges Glied des sozialen Organismus hinstellt. Die zweite Art von Wesen, die sich die Oberflächlichkeit, das Phrasentum, die Lügenhaftigkeit zur Aufgabe macht, die will nicht neben dem Wirtschaftsleben ein selbstständiges demokratisches Staatsleben aufkommen lassen. Und die dritte Art von Wesenheiten, die die individuellen Fähigkeiten unterdrückt, die will nicht, dass der Mensch etwas anderes sei als eine Art Schablone seiner Rasse, seiner Nationalität; diese Art arbeitet der Emanzipation des Geisteslebens, der selbstständigen Stellung des Geisteslebens entgegen.

So sind die Mächte, die im Westen dem Impuls des dreigliedrigen sozialen Organismus entgegenarbeiten.

Derjenige, der für die Ausbreitung dieses Impulses der Dreigliederung arbeiten will, der muss sich klar sein darüber, dass er nicht anders kann, als auch mit solchen geistigen Faktoren zu rechnen, die in der Menschheitsentwicklung vorhanden sind. Es stehen den Mächten, an die man appellieren muss, wenn man irgendetwas in die Menschheitsentwicklung einführen will, es stehen diesen Mächten nicht bloß jene Dinge gegenüber, die der Philister bemerkt, sondern es stehen ihnen auch Dinge gegenüber, die sich nur einer geistigen Erkenntnis erschließen.

Was hilft es, dass in der Gegenwart die Menschen es als einen Aberglauben betrachten, es nicht hören mögen, wenn von solchen durch die Menschen hereinragenden geistigen Wesenheiten gesprochen wird! Sie sind da, diese geistigen Wesenheiten, und derjenige, der nicht mit schlafender Seele, sondern mit wacher Seele das Leben verfolgen will, der kann überall die Wirkungen dieser Wesenheiten schauen. Wollte man sich nur aus dem Vorhandensein der Wirkungen von dem Dasein der Ursachen überzeugen lassen!

Das ist die Charakteristik nach dem Westen hin. Der Westen gestaltet sich so, weil er ganz in der elementarsten Äußerungsform der gegenwärtigen Epoche lebt, im wirtschaftlichen Vorstellen, im wirtschaftlichen Denken.

Der Osten hatte einstmals ein grandioses Geistesleben. Alle Geistigkeit, mit Ausnahme dessen, was in der Anthroposophie angestrebt wird, was sich neu gestalten will, alle Geistigkeit der zivilisierten Welt ist Erbstück des Ostens. Aber die eigentliche Größe dieses religiös-geistigen Lebens war im Osten in sehr alten Zeiten vorhanden. Heute ist gerade der östliche Mensch bis herein nach Russland in einem merkwürdigen Zwiespalt, weil er auf der einen Seite noch aus seinem Erbe heraus lebt, aus dem alten spirituellen Element lebt, und auf der anderen Seite auch auf ihn das wirkt, was aus der gegenwärtigen Epoche der Mensch-heitsentwicklung kommt, das Tendieren zur Individualität hin.

Das bedingt, dass im Osten eine starke Dekadenz der Menschheit vorhanden ist, dass der Mensch dort nicht Voll-mensch werden kann, dass diesem östlichen Menschen bis herein nach Russland noch im Nacken sitzt das, was geisti-ges Erbe uralter Zeiten ist. Und das bedingt, dass dieser öst-liche Mensch heute, wenn sein Bewusstsein herabgestimmt ist, wenn er im Schlaf- oder Traumzustand ist oder in irgend-einen da im Osten häufigen medialen Zustand kommt, dass er dann nicht wie im Westen ganz mit einer anderen Wesen-heit imprägniert wird, dass aber andere Wesenheiten in sein Seelisches hereinwirken, dass ihm diese anderen Wesenhei-ten erscheinen.

Während im Westen drei Gattungen von verfrühten We-senheiten wirken, die ich aufgezählt habe, sind es im Osten verspätete Wesenheiten, die ihre Vollkommenheit früher ge-habt haben, die zurückgeblieben sind und jetzt dem Men-schen des Ostens im medialen Zustand oder im Traum er-scheinen – oder auch ohne Traum, ohne medialen Einfluss einfach dadurch über den Menschen kommen, dass sie in den Schlaf hineinkommen und der Mensch dann im wachen Zustand die Inspiration solcher Wesenheiten in sich trägt, bei Tag von den Nachwirkungen solcher Wesenheiten inspi-riert ist, die in der Nacht über ihn kommen.

Wiederum sind es dreierlei Arten von Wesenheiten, die da im Osten wirken und die einen starken Einfluss haben. Während man im Westen direkt auf einzelne Menschen zeigen muss, durch die sich andere Wesen inkarnieren, muss man im Osten auf eine Art von Hierarchie hinweisen, die den verschiedensten Menschen erscheinen kann. Wiederum drei Arten von Wesenheiten sind es, aber es sind keine Wesenheiten, die sich im Menschen inkarnieren, sondern es sind Wesenheiten, die den Menschen erscheinen, die die Menschen auch vom Nachtschlaf aus inspirieren.

Die erste Art dieser Wesenheiten ist die, die den Menschen daran hindert, von seinem physischen Leib voll Besitz zu nehmen, die den Menschen daran hindert, sich mit dem Wirtschaftlichen, mit den öffentlichen Verhältnissen der Gegenwart überhaupt zu verbinden. Das sind Wesenheiten, die im Osten das Wirtschaftsleben, so wie man es heute im dreigliedrigen sozialen Organismus braucht, zurückhalten wollen.

Die zweite Art von Wesenheiten ist diejenige, die ein überindividuelles Wesen hervorbringt, eine Art von – wenn ich das paradoxe Wort gebrauchen darf – unegoistischem Egoismus hervorbringt, der ein umso raffinierterer Egoismus ist, wie er bei Menschen des Ostens sehr häufig angetroffen wird, die sich alles mögliche Selbstlose von sich selbst einbilden, eine Selbstlosigkeit aber, die eine besonders raffinierte Selbstsucht, ein besonders raffinierter Egoismus ist. Sie wollen ganz gut sein, sie wollen so gut sein, wie man nur sein kann. Das ist auch ein egoistisches Gefühl. Das ist etwas, was als Paradoxon bezeichnet werden kann – ein unegoistischer Egoismus, eine aus dem Egoismus hervorgetriebene Selbstlosigkeit.

Die dritte Art von Wesenheiten, die auf die geschilderte Weise den Menschen des Ostens erscheint, das ist diejenige, die das geistige Leben von der Erde abhalten will, die eine dumpf-mystische Atmosphäre unter den Menschen ausbreiten will, wie sie im Osten in der heutigen Zeit besonders gefunden werden kann.

Wiederum sind es drei Gattungen von Wesenheiten, die aber im Osten aus der geistigen Welt herunterwirken, die sich nicht in Menschen inkarnieren. Sie sind auch Feinde des dreigliedrigen sozialen Organismus, sodass der Dreigliederungsimpuls eingeschnürt wird im Osten von geistiger Seite her und im Westen von menschlicher Seite her. Da sehen wir, was aus geistigen Untergründen heraus dieser Differenzierung zugrunde liegt.

Wir werden noch das hinzuzufügen haben, was der europäischen Mitte als der Dreigliederung feindlich zugrunde liegt, damit wir allmählich auch vom geistigen Gesichtspunkt aus eine Vorstellung darüber gewinnen, wie man sich ausrüsten muss, damit die Dreigliederungsidee gegen die widerstrebenden Mächte, ob sie von der geistigen Welt aus, wie im Osten, ob sie vom Menschen aus, wie im Westen – oder auf noch andere Art, wie es in der Mitte Europas ist, wie wir morgen sehen werden –, damit wir diesen Mächten einen Impuls entgegenstellen, der so notwendig wie nur irgendetwas für die Menschheitsentwicklung ist. Mit Gedanken dazu, wie man sich diesen Dingen gegenüber verhalten muss, muss man ausgerüstet sein.

Darüber wollen wir dann morgen weiterreden. Um halb 6 Uhr haben wir eine eurythmische Darbietung, um 8 Uhr ebenso am Sonntag.

Zweiter Vortrag

Zwischen Vernunft und Offenbarung
Junge Wirtschaft, alternde Politik, alter Geist

Dornach, 23. Oktober 1920[13]

Meine lieben Freunde! Ich habe gestern wieder von einem anderen Gesichtspunkt aus, als dies durch längere Zeit hindurch geschehen ist, auf die Differenzierung aufmerksam gemacht, die unter den Völkern der gegenwärtigen zivilisierten Welt besteht. Ich habe darauf hingewiesen,

---

13 Der Vortrag beginnt erneut mit einem Nachruf: «Meine lieben Freunde! Auch heute habe ich mit einer Trauerbotschaft zu beginnen. Unser liebes Mitglied, Frau Wilhelm, hat heute Nacht den physischen Plan verlassen. Es sind eine ganze Anzahl von Freunden unter uns, die seit Jahren Frau Wilhelm kennen, und die wissen, mit welcher Treue sie an unserer anthroposophischen Geistesbewegung hing, mit welcher Treue sie auch an all dem hing, was hier der Dornacher Bau ist. Mit welcher Liebe ist sie immer herausgekommen! Sie ist seit Langem schwer leidend gewesen. Auch als das Leiden, das seit Langem nicht viel Aussicht auf eine wirklich gründliche Wiederherstellung der Gesundheit bot, als dieses Leiden sie schon ergriffen hatte, da kam sie immer wieder heraus und fühlte sich gestärkt, auch im Leiden gestärkt durch das, was ihr hier Dornach war. Sie fand dann manche Linderung da und dort. Sie fand insbesondere durch längere Zeit hindurch die besonders liebe Pflege in der Anstalt unseres verehrten Mitgliedes und Mitarbeiters, des Herrn Dr. Scheidegger in Basel. Es war rührend, wie sie in ihrem freundlichen Zimmer über jeden Sonnenstrahl sich freuen konnte, auch unter schmerzlichstem Leiden, wie sie immer wieder ihre Zuflucht zu all dem suchte, was ihr an Erhebendem, aber auch an Trost und an Kräftigendem gerade die anthroposophische Lektüre bieten konnte.

dass die Individualisierung des Menschen in unserem 5. nachatlantischen Zeitraum von der geistigen Welt her gelenkt wird, dass auf der einen Seite im Westen durch den Menschen selbst gewisse Wesenheiten eingreifen, die in einer unregelmäßigen Weise vorgerückt sind. Sie sind weiter als die Menschen, aber aus gewissen Interessen heraus verkörpern sie sich im Menschen, um dem Impuls der Gegenwart, dem Impuls der Dreigliederung des sozialen Organismus, entgegenzuwirken.

Ich habe auch darauf aufmerksam gemacht, dass sich im Osten diese Tatsache in anderer Art geltend macht, dass nicht durch den Menschen selbst, aber dadurch, dass sie dem Menschen erscheinen, gewisse Wesenheiten sich geltend machen, die ihre eigentliche Bedeutung in ferner Vergangenheit gehabt haben, die aber jetzt ins Menschenleben hereinwirken. Durch die besondere Seelenverfassung der

---

Es ist ganz zweifellos, dass sie mit ihrer Seele das, was in der Anthroposophie lebt, tief und intim verbunden hat, und dass sie es hindurchgetragen hat durch des Todes Pforte. Und ich bin auch davon überzeugt, dass diejenigen, die sie gekannt haben, diejenigen, die hier gesehen haben, wie treu sie an all dem in ihren Gedanken hing, was Dornach betrifft, auch jetzt vereinigen werden mit dem Streben ihrer Seele. Es wird ganz zweifellos auch unsere Freundin, Frau Wilhelm, stets aus ihrem jetzigen Ort mit inniger Liebe und mit treuer Anhänglichkeit an all dem hängen und bei all dem sein, was hier lebt und wirkt.

Dienstag um 4 Uhr wird in Basel die Kremation sein, und es ist zu hoffen, dass diejenigen, die sie kennen, an dieser Kremation sich beteiligen werden. Jetzt erheben wir uns zum Zeichen dafür, dass wir uns mit ihr verbinden, von unseren Sitzen.»

Menschen des Ostens wirken sie auf diese Menschen mehr oder weniger unbewusst, sei es, dass sie durch Imagination in das Bewusstsein der Menschen des Ostens, einiger Menschen des Ostens hereinwirken, sei es, dass sie während des Schlafes in das Ich und in den astralischen Leib dieser Menschen hineinwirken und sich dann in den Nachwirkungen während des Wachens geltend machen, ohne dass die Menschen es wissen. Auf diese Weise tragen sie all das herein, was sich im Osten gegen einen regelmäßigen Fortschritt der Menschheit auftürmen will.

Sodass wir sagen können: Im Westen hat sich seit Langem eine Art Erdgebundenheit bei solchen Menschen vorbereitet, wie ich sie gestern geschildert habe, die da eingestreut sind, die insbesondere in Sekten Führerstellen einnehmen, die auch in Geheimgesellschaften und dergleichen Führerstellen einnehmen. Im Osten finden sich gewisse führende Persönlichkeiten, die unter dem Eindruck solcher durch Imagination erscheinenden Wesen der Vorzeit das ausüben, was sie in die gegenwärtige Kulturentwicklung hereinbringen.

Wenn wir verstehen wollen, wie die Menschen der europäischen Mitte zwischen dem Westen und dem Osten eingekeilt sind, so müssen wir genauer auf die geistigen Bedingungen hinschauen, die da zugrunde liegen, und auf all das, was sich aus diesen geistigen Bedingungen heraus in der physisch-sinnlichen Welt ausdrückt.

61

Wir haben von den verschiedensten Gesichtspunkten aus darauf aufmerksam gemacht, dass das Leben des alten Orients ein Geistesleben war, dass der Mensch des alten Orients ein hochentwickeltes Geistesleben hatte, ein Geistesleben, das aus unmittelbarer Anschauung der geistigen Welt heraus strömte, und dass dieses Geistesleben dann als Erbstück weiter fortlebte. Im Griechentum war es noch in schöner Künstlerschaft vorhanden, aber schon im Griechentum mischte sich das hinein, was der Aristotelismus ist, was bereits verstandesmäßiges, dialektisches Denken ist.

Aber das, was von orientalischer Weisheit kam, drang dann in die Zivilisation des Abendlandes hinein. Mit Ausnahme dessen, was aus der Naturwissenschaft stammt und was aus der anthroposophisch orientierten Geisteswissenschaft stammen kann, ist alles altes orientalisches Erbgut, was in der abendländischen Zivilisation an Geistesleben vorhanden ist. Aber dieses Geistesleben ist dekadent, dieses Geistesleben ist so, dass ihm die Tragkraft fehlt. Der Mensch hat noch eine gewisse Hinlenkung zur geistigen Welt, aber er kann das, was er von der geistigen Welt glaubt, nicht mehr mit dem verbinden, was hier in der physischen Welt geschieht. Es zeigt sich das am stärksten, wo im angelsächsischen Puritanismus ein ganz weltfremder, neben dem weltlichen Treiben einhergehender Glaube Platz gegriffen hat, der nach ganz abstrakten Regionen hinzielt, der sich gar nicht die Mühe gibt, sich mit der äußeren, physisch-sinnlichen Welt auseinanderzusetzen.

Im Osten nehmen selbst ganz weltliche Bestrebungen, selbst Bestrebungen des sozialen Lebens einen solchen geistigen Charakter an, dass sie sich wie religiöse Bestrebungen ausnehmen. Die Tragkraft des Bolschewismus ist darauf zurückzuführen, dass er von den Menschen des Ostens, schon vom russischen Volk, wie eine Religionsbewegung aufgefasst wird. Nicht so sehr auf den abstrakten Vorstellungen des Marxismus beruht die Tragkraft dieser sozialen Bewegung im Osten, sondern sie beruht im Wesentlichen darauf, dass ihre Träger wie neue Heilande gesehen werden, wie diejenigen, die die Fortsetzer früheren religiös-geistigen Strebens und Lebens sind.

Aus dem Römertum heraus, auch schon aus dem späteren Griechentum heraus, hat sich dann das entwickelt, was die Menschen der Mitte am allermeisten ergriffen hat: das dialektische Element, das Element des juristischen, des staatlich-politischen und militärischen Denkens.

Das verstehen, welche Rolle später das spielte, was sich aus dem Römertum heraus entwickelte, das verstehen kann man nur, meine lieben Freunde, wenn man bedenkt, dass alle drei Zweige des menschlichen Lebens – das Geistesleben, das Wirtschaftsleben und das staatlich-politische Leben – in den Zeiten, in denen sich das Römertum zu besonderem Glanz entwickelte, in denen das römische Kaisertum aufkam, dass in dieser Zeit diese drei Zweige des Lebens im römischen Weltreich in einer ähnlichen Weise verknäuelt waren, durcheinanderstrebten, wie das in der gegenwärtigen Zeit über die ganze zivilisierte Welt hin der Fall ist. Das Römertum lief in eine Dekadenz aus, die im Wesentlichen dadurch bedingt war, dass im römischen Weltreich jene Unmöglichkeit wirkte, die immer daraus hervorgeht, dass die drei menschlichen Betätigungen, das Geistesleben, das Staatsleben und das Wirtschaftsleben, chaotisch ineinandergreifen.

Das römische Kaisertum ist eine Art Symbol für den beginnenden Verfall der 4. nachatlantischen Zeit, der griechisch-lateinischen Zeit gewesen. Man braucht nur daran zu denken, dass von 109 römischen Kaisern bloß 34 in ihrem Bett gestorben sind. Die anderen sind entweder vergiftet oder verstümmelt worden, sind im Kerker gestorben, sind aus dem Kerker ins Mönchsleben übergegangen und dergleichen. Und aus dem, was da im Süden Europas als die römische Welt ihrem Niedergang entgegenging, aus dem heraus entwickelte sich dann das, was in drei Ästen nach Norden heraufströmte (s. Tafelzeichnung S. 89 u. Umschlag).

Da haben wir zunächst den westlichen Ast. Ich will heute nicht in den Einzelheiten auf das eingehen, was sich geschichtlich durch das entwickelte, was im Mittelalter aus der alten Menschheitsentwicklung hervorging, sondern ich will nur auf einiges Charakteristische aufmerksam machen.

Eine charakteristische Erscheinung der mehr westlich gelegenen Entwicklung ist diese, dass sich das Römertum als eine Summe von Menschen über Spanien, über das heutige Frankreich, auch über einen Teil von Britannien ausdehnte. Römische Menschen waren es, die sich da hinein entwickelten. Aber all das wurde von dem durchsetzt, was als germanische Stämme der verschiedensten Art durch die Völkerwanderung gerade in diese Summe von römischen Menschen hineindrang.

Und eine eigentümliche Erscheinung finden wir da. Die Erscheinung finden wir da, dass sich germanische Menschen in das Römertum hineinzwängen, hineinstoßen, und dass da etwas entsteht, was nur so charakterisiert werden kann, dass man sagt: Es ist Menschenwesen germanischer Art in das Römertum eingedrungen. Das Römertum als solches ging als Menschenwesen unter, aber das, was vom Römertum erhalten blieb, also das, was sich durch diese Kreuzung (s. Tafelzeichnung S. 89, roter Pfeil) der weißen und der roten Linie hier bildete, was sich da als spanische Bevölkerung, als französische Bevölkerung, zum Teil auch als britannische Bevölkerung bildete, das war im Wesentlichen germanisches Blut, übertönt von dem romanischen Sprachelement. Nicht anders kann das verstanden werden, um was es sich handelt, als wenn man es so anschaut.

Das Menschenwesen ist da seiner Seelenkonfiguration nach – seiner Vorstellungs-, Gefühls- und Willensrichtung

65

nach –, aus dem hervorgegangen, was sich im Strom der Völkerwanderung als germanisches Element vom Osten nach dem Westen bewegt hat. Aber es ist eine Eigentümlichkeit dieses germanischen Elementes, dass es, wenn es mit einem fremden Sprachelement zusammenstößt – und in der Sprache ist immer eine Kultur verkörpert, verleiblicht –, wenn es mit einem fremden Sprachelement zusammenstößt, dass es in diesem fremden Sprachelement aufgeht, dass es diese Sprache annimmt. Es wächst in diese fremde Sprache hinein wie in ein Zivilisationskleid. Was im Westen von Europa lebt als lateinische Rasse, das hat nichts vom lateinischen Blut in sich, das ist aber in das hineingewachsen, was da verkörpert durch die Sprache heraufgeströmt ist.

Denn es lag im Wesen des lateinischen Elementes, des römischen Elementes, sich selbst über das Menschentum hinaus im Weltentwicklungsgang zu behaupten. Deshalb ist in Rom zuerst das Testament aufgekommen, die Behauptung des Egoismus über den Tod hinaus. Dass der Wille über den Tod hinausreicht, das hat dazu geführt, den Gedanken des Testamentes zu fassen. So auch wirkt der Bestand der Sprache im Volkstum über den Bestand des Menschlichen hinaus.

Und anderes noch als die Sprache wurde erhalten. Es wurden für diesen Westen in dieser sprachlichen Strömung mitströmend die alten Traditionen der verschiedenen Geheimgesellschaften erhalten, von deren Bedeutung ich im Laufe der letzten Jahre Mannigfaltiges erzählt habe – Traditionen, die aus der griechisch-lateinischen Zeit stammen, aber Entlehnungen aus dem Orient sind, namentlich aus Handschriften, die durch das Römertum, durch das Lateinertum durchgegangen sind. Sodass sich das in dem westlichen Menschentum, insofern es in das römische Sprachelement untergetaucht ist, über das Volkstum hinaus erhalten hat, und man da den Menschen in einem fremden Zivilisationskleid hat. Man hat in einem fremden Kleid auch die alten Mysterienwahrheiten, die schon abstrakt geworden sind, die in den Zeremonien des Kultus der westlichen Geheimgesellschaften abstrakt geworden sind, leere Formeln geworden sind. Man hat auch da etwas, wohinein das Menschentum untergetaucht ist und worin es als in etwas lebt, wovon der Mensch ergriffen werden kann.

Sind andere Verhältnisse besonders günstig, dann bietet gerade dieses, dass der Mensch mehr von außen mit all dem durchdrungen wird, was aus der Sprache herkommt, dann bietet dieses einen Anhaltspunkt dafür, dass sich solche Wesen, wie ich sie gestern geschildert habe, in diesen Menschen verkörpern.

Aber besonders günstig für dieses Sichverkörpern ist das angelsächsische Element gerade aus dem Grund, weil das germanische Menschenwesen auch da nach dem nördlichen Westen hinübergekommen ist und sich stark erhalten hat, aber in einem geringeren Maße als in den romanischen Ländern sich mit dem römischen Sprachelement durchdrungen hat. Sodass ein viel labileres Gleichgewicht in dem vorhanden ist, was angelsächsische Rasse ist. Durch dieses labilere Gleichgewicht haben jene Wesen, von denen ich gestern gesprochen habe, die sich da verkörpern, eine viel größere Willkür des Wirkens, einen viel größeren Spielraum. In den romanischen Ländern wären sie außerordentlich gebunden.

Vor allen Dingen aber müssen wir uns klar sein darüber, dass von solchen volkspsychologischen Konfigurationen das abhängt, meine lieben Freunde, was sich dann in einzelnen Persönlichkeiten äußert. Durch dieses freiere Element im Angelsachsentum ist es möglich, dass während der Puritanismus eine abstrakte Glaubenssphäre darstellt, dieses angelsächsische Element im höchsten Grad geeignet ist, das naturwissenschaftliche Denken als Welt- und Lebensanschauung aufzunehmen und auszugestalten. Es wird da nicht das volle Menschenwesen ergriffen, sondern es wird gerade jener Teil ergriffen, der durch die Eingliederung der Sprache, durch die Eingliederung anderer Elemente des Menschenwesens möglich macht, dass sich solche Wesen, wie ich sie gestern geschildert habe, in diesen Menschen verkörpern.

Was von solchen Menschen – und ich bemerke ausdrücklich, dass bei all dem, was ich jetzt sage, es sich nur um solche einzelnen Menschen handelt, die unter der Menge der übrigen Menschen zerstreut sind; es betrifft nicht die Nationen, es betrifft nicht die große Masse der Menschen, es betrifft einzelne Menschen, die aber außerordentlich starke

Führerstellungen in den Regionen haben, von denen ich gesprochen habe –, was von solchen Menschen, die im Westen vorzugsweise von Wesen ergriffen werden, die dem Menschenleib, in dem sie sich verkörpern, eine gewisse Führerstellung sichern, was da von solchen Menschen ergriffen wird, ist hauptsächlich Leib und Seele. Es ist nicht der Geist, für den man sich da weniger interessiert.

Woher kommt zum Beispiel die ganz grandiose, aber einseitige Ausgestaltung des Darwinismus durch Charles Darwin? Sie kommt daher, dass bei Charles Darwin Leib und Seele besonders dominierend waren, nicht der Geist. Daher betrachtet er den Menschen nur nach Leib und Seele, er sieht ab von dem Geist und von dem, was sich aus dem Geist in das Seelische hineinlebt. Wer unbefangen auf die Ergebnisse der Forschung von Charles Darwin sieht, der wird sie von dem Gesichtspunkt aus verstehen, dass da etwas lebt, was den Menschen nicht seinem Geist nach betrachten will. Geist nimmt er nur von der neueren naturwissenschaftlichen Richtung, die international ist. Das aber, was die ganze Anschauung über das Menschenwesen färbt, nuanciert, das ist die Hinneigung zu Leib und Seele bei Außerachtlassung des Geistes.

Die treuesten Schüler des ökumenischen Konzils von 869[14] sind die Menschen des Westens. Sie haben den Geist

---

14 Das war das Konzil, in dem die Trichotomie, das heißt die Dreigliederung des Menschen nach Leib, Seele und Geist «abgeschafft wurde» – wie Rudolf Steiner zu sagen pflegte –, und man nur noch

unberücksichtigt gelassen, nur Leib und Seele genommen, wie sie in der Schilderung Darwins zum Vorschein kommen. Als Geist haben sie nur einen künstlichen Kopf mit materialistischer Denkungsweise draufgesetzt, wie er aus der Naturwissenschaft hervorkommt. Und weil man sich schämt, aus der Naturwissenschaft eine Universalreligion zu machen, bleibt als äußerliches Nebenwerk, das ein abstraktes Dasein führt, das, was als Puritanismus und dergleichen weiterlebt, was aber mit der eigentlichen Weltkultur keinen Zusammenhang hat. Da sehen wir, wie das, was Leib und Seele ist, von einem abstrakt naturwissenschaftlichen Geist überwölbt wird, den wir bis in die Gegenwart herauf klar beobachten können.

Aber nehmen wir an, es geschieht das andere, es ist das stärker, was in der Sprache weiterlebt, was in der ganzen

von Leib und Seele sprach. s. Otto Willmann, *Geschichte des Idealismus,* Zweiter Band, Braunschweig 1896, S. 111: «Der Mißbrauch, den die Gnostiker mit der paulinischen Unterscheidung des pneumatischen und des psychischen Menschen trieben, indem sie jenen als den Ausdruck ihrer Vollkommenheit ausgaben, diesen als den Vertreter der im Gesetze der Kirche befangenen Christen erklärten[3], bestimmte die Kirche zur ausdrücklichen Verwerfung der Trichotomie. Das achte ökumenische Konzil von Konstantinopel erklärte 869, daß ‹das Alte und Neue Testament lehre, daß der Mensch eine denkende und geistige Seele hat (unam animam rationalem et intellectualem, μίαν ψυχὴν λογικὴν τε καὶ νοεράν), was alle aus Gott redenden (deiloqui, θεήγοροι) Väter und Lehrer der Kirche feststellen› (asseverare, κατεμπεδοῦν)[4]. [...] Jene Trichotomie hat in der christlichen Philosophie nur eine sekundäre Bedeutung ...».
In den Fußnoten heißt es: «[3] Vergl. Iren. IV, 37; V, 6. – [4] Denzinger Enchiridion symbolorum et definitionum Ed. IV, 1865, Nr. 274.»

geistigen Formenwelt der 4. nachatlantischen Zeit weiterlebt. Was würde dabei herauskommen? Da würde ein streng fanatisches Abweisen des modernen Geistes herauskommen. Es würde nicht betont werden, dass ein aus naturwissenschaftlichen Begriffen künstlicher Kopf dem Leiblich-Seelischen aufgesetzt wird, sondern es würde betont werden, dass die alten Traditionen draufgesetzt werden, aber auch nur das Leibliche und das Seelische gepflegt werden. Da können wir uns denken, dass irgendein Mensch in ebenso bedeutender Weise nur all das ausbildet, was Leib und Seele ist, eine Lehre erfindet, die nur auf Leib und Seele hinsehen will, und als Geistiges nicht die Naturwissenschaft draufsetzt, sondern ein äußerlich gebliebener Geist, eine aus früherer Zeit in spätere Zeit hineingetragene Offenbarung – und wir haben den Jesuitismus, wir haben Ignaz von Loyola. Ebenso wie mit Notwendigkeit Geister wie Darwin aus dem Angelsachsentum hervorgehen, ebenso geht aus dem Spätromanismus Ignaz von Loyola hervor.

Das Eigentümliche der Menschen, von denen wir hier in Bezug auf den Westen zu sprechen haben, das ist, dass sich jene geistigen Wesen, die ich gestern charakterisiert habe, durch diese Menschen in der Welt bemerkbar machen, durch sie in der Welt wirken. Im Osten ist das anders, nach dem Osten geht eine andere Strömung (s. Tafelzeichnung S. 89, rechter Ast). Wir werden aber zunächst das betrachten, was in der Mitte als eine zweite Strömung von dem alten

71

Römertum ausgeht, was nicht die Sprache hinaufträgt, sondern die ganze Richtung der Seelenverfassung, die ganze Gedankenrichtung hinaufträgt.

Nach dem Westen geht mehr die Sprache, daher kommen all die Erscheinungen, von denen ich eben gesprochen habe. Nach der europäischen Mitte geht das, was mehr die Gedankenrichtung ist, aber es vereinigt sich mit dem, was im Germanentum veranlagt ist, und im Germanentum ist ein Verwachsensein mit der Sprache veranlagt. Aber man kann dieses Verwachsensein mit der Sprache nur erhalten, solange die Menschen, die in dieser Sprache leben, zusammen sind.

Als die Goten, die Vandalen und so weiter nach dem Westen zogen, tauchten sie in das lateinische Sprachelement unter. Das Verwachsensein mit der Sprache blieb nur in der europäischen Mitte vorhanden. Dies bedeutet, dass in dieser europäischen Mitte die Sprache in einer besonders starken Weise an dem Menschen haftet, stärker haftet, als es bei den römischen Menschen war, die sich als solche verloren haben, aber die Sprache selbst abgegeben haben. Die germanischen Menschen würden ihre Sprache nicht abgeben können.

Die germanischen Menschen haben ihre Sprache als ein Lebendiges in sich. Sie würden es nicht als Erbstück hinterlassen können. Sie kann sich nur so lange erhalten, diese Sprache, als sie mit dem Menschen verbunden ist. Das hängt mit der ganzen Art und Weise der menschlichen Verfassung dieser Völker zusammen, die sich nach und nach in Europas Mitte geltend gemacht haben. Das bedingt, dass sich in dieser europäischen Mitte Menschen geltend gemacht haben, die nicht geeignet sind, eine starke Möglichkeit für die Verkörperung solcher Wesen zu bieten, wie es im Westen der Fall ist. Aber ergriffen können auch sie werden.

Bei diesen Menschen der europäischen Mitte ist es möglich, dass sich in den Führergestalten solche Wesen der dreifachen Gattung geltend machen, wie ich sie gestern geschildert habe. Aber das bewirkt immer, dass auf der anderen Seite bei diesen Menschen auch eine Zugänglichkeit für jene Erscheinungen vorhanden ist, die sich den Menschen des Ostens als Imaginationen entgegenstellen. Nur bleiben diese Imaginationen bei den Menschen der Mitte während des Tagwachens so blass, dass sie nur als Begriffe, als Vorstellungen wirken. Ebenso ist es mit dem, was von jenen Wesen herrührt, die sich durch Menschen verkörpern und die eine so große Rolle bei einzelnen Menschen des Westens spielen. Diese können in der Mitte nicht eine solche Rolle spielen, aber sie können dem ganzen Menschen eine gewisse Richtung geben.

Es ist bei diesen Menschen der Mitte so, dass es durch Jahrhunderte hindurch kaum möglich gewesen ist, dass die Menschen, die irgendeine Bedeutung erhielten, sich retten konnten auf der einen Seite vor der Einkörperung der Geister des Westens und auf der anderen Seite vor den

Erscheinungen der Geister des Ostens. Das bewirkte immer eine Art Zwiespältigkeit in diesen Menschen. Wenn man sie ihrer wahren Realität nach schildert, so kann man sagen: Wenn diese Menschen wachen, so ist etwas von den Attacken der Geister des Westens in ihnen, das ihr Trieb- und Instinktleben beeinflusst, das in ihrem Willen lebt, das ihren Willen lähmt; wenn diese Menschen schlafen, wenn der Astralleib und das Ich gesondert sind, da machen sich in ihnen solche Geister geltend, wie diejenigen sind, die auf die Menschen des Ostens als Erscheinungen oft unbewusst in Imaginationen wirken.

Man braucht nur eine ganz charakteristische Persönlichkeit aus der Zivilisation der Mitte herauszugreifen und man wird mit Händen greifen können, dass das so ist, wie ich es geschildert habe. Man braucht nur Goethe zu nehmen.

Nehmen wir all das, was in Goethe von den Attacken der Geister des Westens lebt, was sich in seinem Willen geltend macht, was insbesondere in dem jungen Goethe wühlt, was wir fühlen, wenn wir die in der Jugend hingewühlten Szenen des *Faust* oder des *Ewigen Juden* und so weiter lesen. Wir sehen, wie Goethe auf der anderen Seite abgeklärt ist, wie das bloß nach Geist und Seele hintendierende Element des Ostens in ihm dieses Willenselement bändigt, dieses Willenselement durchströmt. Wir sehen, wie er im Alter sich im zweiten Teil seines *Faust* mehr den Imaginationen zuwendet. Aber eine Kluft ist da. Wir kommen nicht recht aus dem

Stil des ersten Teils des *Faust* herüber zu dem Stil des zweiten Teils des *Faust*.

Und betrachten wir den lebendigen Goethe selbst, diesen lebendigen Goethe, der aus den Impulsen des Westens herauswächst, der von den Geistern des Westens geplagt ist, der sich als junger Mensch mit dem tröstet, was auch etwas Westliches in sich enthält, mit der Gotik, mit der aber das Streben zu den Geistern der Vergangenheit auftaucht, zu jenen Geistern, die im Griechentum und auch in der Gotik besonders tätig waren, die aber die Nachkommen jener Geister sind, die einstmals den östlichen Menschen inspiriert haben, als er zu seiner großen Urweisheit kam.

Und so sehen wir, dass Goethe in die 80er Jahre (des 18. Jahrhunderts) hereingeht, dass er es nicht aushält mit den Geistern des Westens, dass sie ihn quälen. Er will das, dass sie ihn quälen, ausgleichen, indem er nach dem Süden zieht, um das aufzunehmen, was von der anderen Seite kommt. Das gibt den Menschen der Mitte gerade in ihren hervorragenden Führern ihr charakteristisches Gepräge.

Die Menschen der Mitte sind dadurch besonders vorgebildet zur Geltendmachung von etwas, was auch wichtig ist in der ganzen Menschheitsentwicklung. Man kann es am besten bei einem solchen Geist wie Hegel beobachten. Wenn wir Hegels Philosophie – ich habe das schon öfter hier erwähnt –, wenn wir Hegels Philosophie nehmen, finden wir überall diese Philosophie bis zum «Geist» hinaufentwickelt.

75

Aber nirgends finden wir bei Hegel irgendetwas, was über das physisch-sinnliche Leben hinausragt. Statt einer Geistlehre finden wir eine logische Dialektik als ersten Teil seiner Philosophie; die Naturphilosophie finden wir bloß als eine Summe von Abstraktionen dessen, was im Menschenwesen selbst lebt; was durch die Psychologie begriffen werden soll, das finden wir im dritten Teil von Hegels Philosophie dargestellt. Aber es kommt nichts anderes dabei heraus als das, was der Mensch zwischen Geburt und Tod in seiner Seele erlebt, was sich dann in der Geschichte zusammendrängt. Von irgendeinem Hineingehen des Menschen in das Ewige, in ein vorgeburtliches oder in ein nachtodliches Dasein, ist bei Hegel nirgends die Rede. Es kann auch gar nicht geltend gemacht werden.

Das Eine, was die hervorragendsten Menschen der Mitte geltend machen, das ist, dass im Menschen die Seele vorhanden ist, wie sie hier zwischen Geburt und Tod lebt. Für den Menschen der Sinnenwelt, für unsere physische Welt, sollte sich durch diesen Menschen der Mitte das Seelische darstellen.[15]

---

15 In der Klartextnachschrift wird in Bezug auf die Mitte genauso von Seele und Geist gesprochen, wie es für den Osten gilt. Aber der Bezug auf Hegel zeigt deutlich, dass Rudolf Steiner (wie auch in anderen Vorträgen) sagen will: Für den Westen gelten Leib und Seele, für den Osten Seele und Geist, und der Mensch der Mitte lebt ganz im Seelischen, im Element des Menschen selbst.

Sobald wir nach dem Osten gehen, da finden wir, dass ebenso wie wir im Westen sagen müssen, dass Leib und Seele leben, wie wir in der Mitte finden, dass Seele lebt, so finden wir, dass im Osten Seele und Geist leben. Daher ist das Hinaufheben zu Imaginationen da natürlich. Wenn diese Imaginationen auch nicht zum Bewusstsein kommen, so wirken sie in das Bewusstsein hinein. Die ganze Anlage des Denkens ist beim Menschen des Ostens so, dass er nach Imaginationen hintendiert, wenn auch diese Imaginationen zuweilen, wie bei Solowjeff, in abstrakten Begriffen gefasst werden. So geht ein dritter Ast von dem Römertum nach dem Norden über Byzanz in den Osten hinein.

Es spaltet sich in drei Zweige, was im Römertum chaotisch beisammen war. Es strebt auseinander. Aber mit Ausnahme des Westens, wo sich das neue Element des Wirtschaftlichen als das geltend macht, was der Neuzeit besonders angemessen ist und was sich mit der Naturwissenschaft verbindet, mit dieser Ausnahme wirkt am stärksten das, was sich im Römertum entwickelt hat und all dem parallel geht, was im Osten aus der alten Weisheit in die Dekadenz hineinkommt. Es entwickelt sich da hinüber das, was in religiöser Form das Geistige ist. Nach der Mitte hin entwickelt sich das, was politisch-militärisch, was staatlich-juristisch ist, was sich nach den verschiedenen Seiten ausbreitet. Wir wollen aber die charakteristischen Äste ins Auge fassen.

Die Menschen des Ostens – je weiter wir nach dem Osten kommen, desto mehr sehen wir das –, die Menschen des Ostens sind noch mehr als die germanischen Völker mit ihrer Sprache verwachsen.

Die germanischen Völker leben in ihrer Sprache, solange sie sie haben. Studieren wir diesen merkwürdigen Gang gerade der germanischen Menschheit Mitteleuropas, studieren wir diese Zweige der germanischen Bevölkerung, die sich zum Beispiel nach Ungarn hinüber in die Zipser Gegend, als Schwaben hinunter ins Banat bewegt haben, nach Siebenbürgen als die Siebenbürgener Sachsen sich bewegt haben: Überall ist es etwas wie ein Abglimmen des sprachlichen Elementes. Diese Menschen gehen überall in der Sprache auf, in die sie untertauchen. Und eine der interessantesten ethnografischen Studien wäre es, zu sehen, wie um Wien herum in verhältnismäßig kurzer Zeit im Laufe der letzten zwei Drittel des 19. Jahrhunderts das Deutschtum zurückgegangen ist, überflutet worden ist. Man kann das mit Händen greifen, wenn man verständig diese Sache verfolgt. Man sieht, wie sich das germanische Element in das Magyarentum auf künstliche Weise, aber in das Slawentum auf natürliche Weise hineinentwickelt.

Im Osten ist der Mensch mit seiner Sprache ganz verwachsen. Da lebt das Geistig-Seelische in der Sprache. Das ist das, was man oftmals gar nicht berücksichtigt. Der Mensch des Westens lebt in der Sprache in einer ganz anderen Art, in einer radikal anderen Art, als der Mensch des Ostens. Der Mensch des Westens lebt in seiner Sprache wie in einem Kleid, der Mensch des Ostens lebt in seiner Sprache wie in sich selbst. Daher konnte der Mensch des Westens die naturwissenschaftliche Lebensauffassung aufnehmen, sie in seine Sprache hineingießen, die nur ein Gefäß ist. Im Osten, meine lieben Freunde, im Osten wird die Naturwissenschaft als Weltanschauung niemals Fuß fassen können, denn sie kann nicht in die Sprachen des Ostens untertauchen. Die Sprachen des Orients weisen sie zurück, die naturwissenschaftliche Weltanschauung, sie nehmen sie gar nicht auf.

Das können wir schon verspüren, wenn wir die Auseinandersetzungen von Rabindranath Tagore[16] auf uns wirken lassen. Wenn das auch bei Rabindranath Tagore mit Koketterie durchwirkt ist, so sehen wir, dass sein ganzes Sichdarleben in einem Erleben eines Anpralls der westlichen Weltanschauung, aber sofort durch das Leben in der Sprache in einem Zurückwerfen dieser Weltanschauung des Westens besteht.

In dieses Ganze war der Mensch der Mitte hineingeworfen. Er musste auf der einen Seite all das aufnehmen, was er im Westen erlebte. Er nahm es nicht so tief auf wie der Westen, er durchtränkte es mit dem, was der Osten hatte. Dadurch das labilere Gleichgewicht in der Mitte, dadurch aber

---

16 Rabindranath Thakur (1861–1941), bengalischer Dichter, Maler und Philosoph. Nobelpreis für Literatur 1913.

auch die Zerrissenheit, die Zweiheit in der Individualisierung der Seelen der Menschen der Mitte, dieses Streben, eine Harmonie, einen Ausgleich in der Zweiheit zu finden, wie es sich so klassisch, so großartig in Schillers *Briefen über die ästhetische Erziehung des Menschen* darlebt, wo zwei Triebe, der Naturtrieb und der Vernunfttrieb, deutlich auf diese Zweiheit hinweisen, die vereinigt werden soll. Aber man kann auf noch viel Tieferes hinweisen.

Wenn man nach dem Westen hin blickt, so findet man, dass da eine gewisse Geneigtheit im ganzen Volkstum ist, die naturwissenschaftliche Denkweise aufzunehmen, die sich für das Wirtschaftsleben so außerordentlich eignet. Ich habe gezeigt, wie sich im Westen die naturwissenschaftliche Denkweise bis in die Psychologie, bis in die Seelenkunde hineingelebt hat. Da nimmt man sie auf, da nimmt man sie restlos auf, diese naturwissenschaftliche Anschauungsweise. Und der Puritanismus lebt dort wie ein Einschlag, wie ein abstrakter Einschlag, der mit dem äußeren Leben nichts zu tun hat, den man in sein Seelenhaus einsperrt, den man nicht berühren werden lässt von dem, was äußere Kultur ist.

Was sich da im Westen entwickelt, das ist so, dass man sagen kann: Es ist eine Neigung vorhanden, all das in sich aufzunehmen, was der menschlichen Vernunft zugänglich ist, insofern sie an Leib und Seele gebunden ist. Das andere, der Puritanismus, ist nur ein Sonntagskleid dessen, was Leib und Seele ist, was der Vernunft zugänglich ist. Daher der

Deismus, diese ausgepresste Zitrone einer religiösen Weltanschauung, wo von Gott nichts mehr vorhanden ist als eine Art Märchen einer allgemeinen, ganz abstrakten Weltur-
sache. Die Vernunft, wie sie an Leib und Seele gebunden ist,
macht sich da geltend.

Wenn wir nach dem Osten gehen, da ist gar kein Verständnis für eine solche Vernünftigkeit. Schon in Russland
fängt das an. Hat denn der Russe überhaupt ein Verständnis
für das, was man im Westen Vernünftigkeit nennt? Man gebe sich nur keiner Täuschung hin, nicht das geringste Verständnis hat der Russe für das, was man im Westen Vernunft
nennt. Der Russe ist zugänglich für das, was man Offenbarung nennt. Er nimmt all das als seinen Seeleninhalt auf, was
einer Offenbarung verdankt ist. Vernünftigkeit – wenn er
auch das Wort den westlichen Menschen nachsagt, so versteht er nichts davon, er fühlt nichts von dem, was der westliche Mensch dabei fühlt. Aber das, was gefühlt werden kann,
wenn man von Offenbarung, von dem Herabkommen von
Wahrheiten aus der übersinnlichen Welt in den Menschen
herein spricht, das versteht er.

Für das, wovon man im Westen nur so redet, ist wiederum in diesem Westen nicht das geringste Verständnis: für
das, was man als das Verhältnis des russischen Menschen
und gar erst des östlichen Menschen zur geistigen Welt an-
sprechen muss. Dafür ist gerade der Puritanismus ein Beweis. Dafür ist im Westen nicht das geringste Verständnis

vorhanden, denn das ist etwas ganz anderes als das, was durch die Vernunft vermittelt wird. Das ist etwas, was vom Geistigen ausgehend den Menschen ergreift und den Menschen lebendig durchdringt.

Und die Menschen der europäischen Mitte standen, als der 5. nachatlantische Zeitraum im 11., 12., 13. Jahrhundert schon nahte – dann kam er in der Mitte des 15. Jahrhunderts, dieser 5. nachatlantische Zeitraum –, die hervorragendsten Geister der europäischen Mitte standen vor einer ungeheuren Frage, vor der Frage, die ihnen aufgegeben war als Menschen, die zwischen dem Westen und dem Osten standen. In ihnen drängte der Westen nach Vernunft, der Osten nach Offenbarung.

Und man studiere einmal von diesem Gesichtspunkt aus die Hochscholastik, die Glanzepoche mittelalterlicher Geistesentwicklung, man studiere von diesem Gesichtspunkt aus solche Geister wie Albertus Magnus, Thomas von Aquino, Duns Scotus und so weiter. Man vergleiche sie mit solchen Geistern wie Roger Bacon dem Älteren, der mehr westwärts orientiert war, und man wird sehen: Die große Frage entstand bei diesen Geistern der mitteleuropäischen Hochscholastik aus dem Zusammenwirken von dem, was vom Westen her als Vernunft, und dem, was von Osten her als Offenbarung drängte. Jene Bedrängnis erlebten sie, die von den Geistern herrührt, die im Westen durch den Willen Leib und Seele ergreifen, und jene andere Bedrängnis erlebten sie, die von den Geistern herrührt, die im Osten durch die Imagination Seele und Geist ergreifen.

Daher entstand die scholastische Lehre, dass alles beides gilt: Vernunft auf der einen Seite, Offenbarung auf der anderen Seite, Vernunft für all das, was auf der Erde mit den Sinnen zu erleben ist, Offenbarung für die übersinnlichen Wahrheiten, die nur aus der Bibel und aus der Tradition des Christentums geschöpft werden können. Man begreift so richtig die christliche Scholastik des Mittelalters, wenn man ihre hervorragendsten Geister als diejenigen auffasst, in denen zusammenströmte Vernünftigkeit vom Westen und Offenbarung vom Osten. Da wirken im Menschen die beiden Richtungen, und im Mittelalter konnte man sie nicht anders zusammenbringen als dadurch, dass man in sich selbst den Zwiespalt empfand.

An derjenigen Stelle unserer kleinen Kuppel drüben im kleinen Kuppelraum, wo das germanische Element mit seinem Dualismus zur Darstellung kommen sollte, sehen wir daher auch in dem Bräunlich-Schwärzlichen und dem Rötlich-Gelblichen diese Zweiheit aneinanderstoßen – das Rötlich-Gelbliche der Offenbarung, das Schwärzlich-Bräunliche des Vernünftigen. Wir sehen, dass dort inspirierend das gewirkt hat, was durch die verschiedenen Menschheitskulturen hindurch an die Menschen herangetreten ist. Nur ist es dort in Farben, in den Offenbarungen der Farben empfunden.

Das, was wir jetzt über die zivilisierte Welt hin haben, ist im Westen von dem erst in der Neuzeit heraufgekommenen Element ergriffen, von dem Wirtschaftsleben, denn dieses Wirtschaftsleben war in keiner früheren Epoche eine solche Zeitfrage, zu der es jetzt geworden ist. Es ist das eigentliche Zeitgemäße.

Dagegen ist das, was in Staat und Politik ist, schon im Abglimmen begriffen. Was im letzten Drittel des 19. Jahrhunderts als Deutsches Reich begründet worden ist, das nahm dieses abglimmende Element des alten Römertums in sich auf, und es ging daran zugrunde. Schon wie es sich aufgebaut hat, war es so, aber insbesondere, wie es sich dann weiter ausgestaltet hat. Im Grunde genommen gab es innerhalb dieses Deutschen Reiches nur die Fortsetzung des juristisch-staatlichen Elementes, des politischen Elementes, das organisierte, das große Genies des Organisierens hatte. Aber das wollte sich auch die Wirtschaft einverleiben, ohne das wirtschaftliche Denken zu haben. Denn all das, was die Wirtschaft innerhalb dieses Gebietes trieb, das kroch unter das Staatssystem, es wollte immer mehr unter das Staatssystem unterkriechen. Dieses Deutsche Reich wollte alles ganz besonders dem Staatssystem unterordnen. Der Militarismus zum Beispiel, der von Frankreich oder auch von der Schweiz ausgegangen war, der aber da noch andere Formen hatte, der wurde in Mitteleuropa verstaatlicht.

Dieses Mitteleuropa konnte weder das Wirtschaftsleben, noch ein in sich lebendiges, aus seinen eigenen Wurzeln treibendes Geistesleben aufnehmen. Was an Widergeistigkeit in der letzten Zeit gerade in Mitteleuropa «organisiert» wurde, das ist das Allerfurchtbarste. Wir sehen all das, was Geistesleben ist, immer mehr in die Form des politischen Staates hineinwachsen. Und so kam es, dass im zweiten Jahrzehnt des 20. Jahrhunderts in Mitteleuropa kein Mensch eigentlich mehr war, der über Geschichte oder ähnliche Dinge anders schrieb, denn als politischer Parteimann. All das, was von Universitäten ausging, war keine objektive Geschichte, es war Parteiweisheit, es war politisch gefärbt.

Und weiter im Osten ist noch mehr in der Dekadenz ein geistiges Leben, das aus Urzeiten kommt. Es wuchs hinein in eine Überschwemmung aus dem Westen, aus der Mitte, in die Maßnahmen Peters des Großen, es wuchs da hinein all das, was sich im Panslawismus, im Slawophilentum auslebt, was ein urwüchsiges Geistiges durchdrang, das aber in der Dekadenz war. Das führte zuletzt dazu, dass die heutigen Zustände geschaffen wurden, aus denen ein neuer Geist heraus will, denn der alte ist ganz in der Dekadenz.

So sehen wir, meine lieben Freunde, über die Welt verbreitet die neue Wirtschaft, die endende Jurisprudenz und Staatlichkeit, und das geendete Geistesleben (s. Tafelzeichnung S. 89 u. Umschlag: «Neue Wirtschaft», «endende Jurisprudenz», «geendete[s] Geistesleben»).

Im Westen sehen wir von der Wirtschaft ganz aufgesogen das Staatselement – und das Geistige ist nur in der Form der

Naturwissenschaft da, wenn man von dem unwahren Puritanismus absieht. In der Mitte haben wir einen schon gealterten Staat, der Wirtschaft und Geistesleben aufsaugen will und deshalb nicht leben kann. Und im Osten haben wir nichts anderes als den erstorbenen Geist der alten Zeit, der durch allerlei Maßnahmen des Westens galvanisiert werden soll, gleichgültig ob es Peter der Große oder Lenin ist. Das, was vom Westen kommt, galvanisiert nur den Leichnam des östlichen Geistes.

Die Rettung besteht darin, dass man klar einsieht: Ein neuer Geist muss die Menschheit durchziehen!

Dieser neue Geist, der die Menschheit durchziehen muss, der kann nicht im Osten gefunden werden, der muss im Abendland gefunden werden. Dieser neue Geist muss reinlich nebeneinander hinstellen Wirtschaftsleben, Rechtsleben und Geistesleben.

Dann kann zu dem Wirtschaftsleben des Westens, wozu der Westen besonders durch seine natürlichen Eigenschaften organisiert ist, dann kann dazu das staatliche und das geistige Leben treten. Dann kann die Mitte neben dem staatlichen Leben – das, wenn es anthroposophisch orientiert ist, aus ganz anderen Grundsätzen heraus, als früher da waren, aufgebessert wird –, dann kann die Mitte auch ein Wirtschafts- und ein Geistesleben aufnehmen. Und dann kann der Osten wiederum befruchtet werden: Das Geistesleben, das im Abendland blüht, das wird der Osten verstehen, wenn man es ihm nur in der richtigen Weise bringt.

Sobald, meine lieben Freunde, keine künstlichen Grenzen mehr geschaffen werden, über die das nicht hinübergelassen wird, was an anthroposophisch orientiertem Geistesleben im Abendland lebt, sobald das nach dem Osten hinübergelassen wird, wird man es verstehen, wenn es auch zunächst durch so kokette Geister dringt, wie Rabindranath Tagore einer ist, oder [Lücke in der Klartextnachschrift] oder dergleichen. Es handelt sich darum, dass die Naturwissenschaft als solche von dem Osten zurückgewiesen wird. Aber die Naturwissenschaft, die von wirklicher Geistigkeit durchleuchtet ist, wie wir sie in unseren Hochschulkursen hier darstellen wollten, diese Naturwissenschaft wird mit allem Eifer auch vom Osten aufgenommen werden.

Dann wird der Osten sehr viel Verständnis für ein selbstständiges Geistesleben haben. Und er wird auch das selbstständige staatlich-politische Leben aufnehmen, er wird auch das Wirtschaftsleben aufnehmen, es in Unabhängigkeit betreiben können. Sodass sich in dieser Dreigliederung des sozialen Organismus das erfüllt, was sich aus einer vernünftigen und zu gleicher Zeit geistigen Betrachtung der Entwicklung der europäischen und asiatischen Welt seit dem untergehenden Römertum darstellt.

Davon wollen wir dann morgen weiterreden. Um halb 6 Uhr ist morgen wiederum eine Eurythmievorführung, und um dieselbe Zeit wie heute wiederum ein Vortrag hier, der die Fortsetzung des heutigen darstellt.

**Tafelzeichnungen
und Faksimiles**
S. 89-96

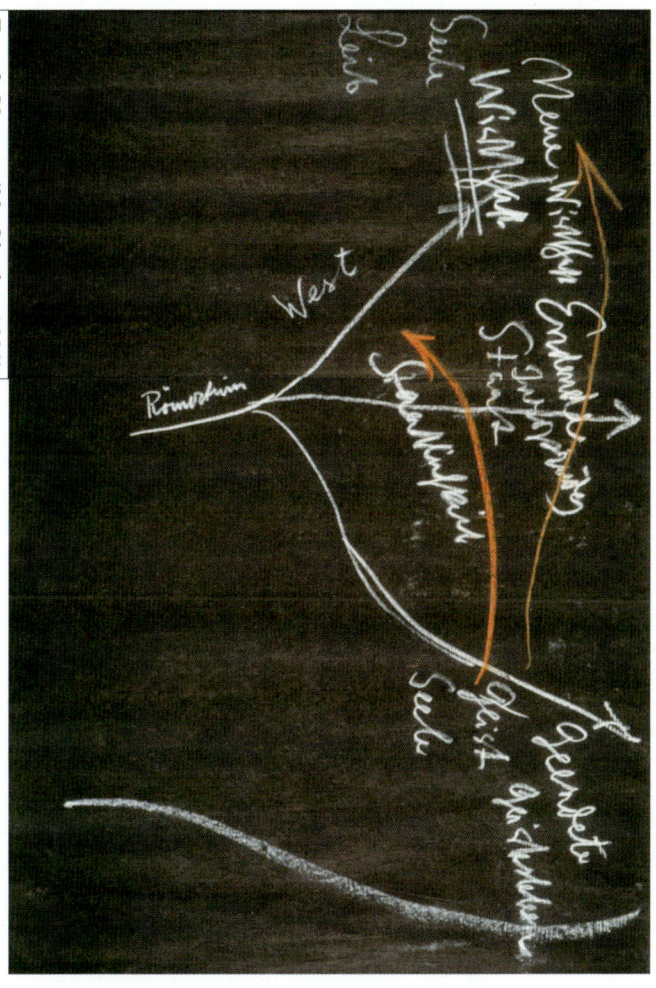

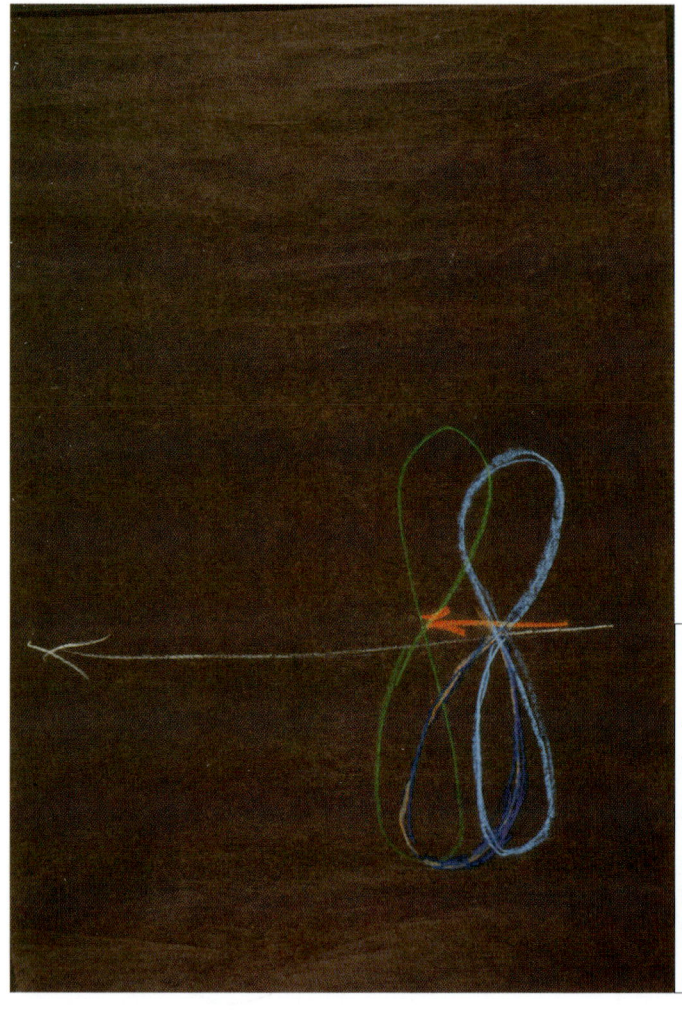

90

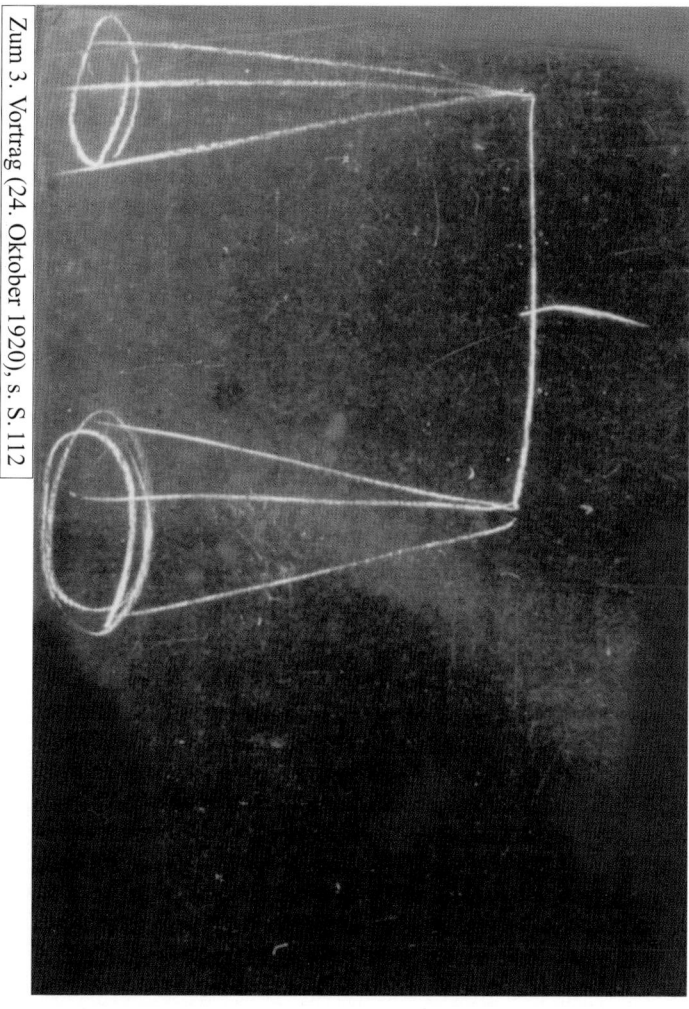

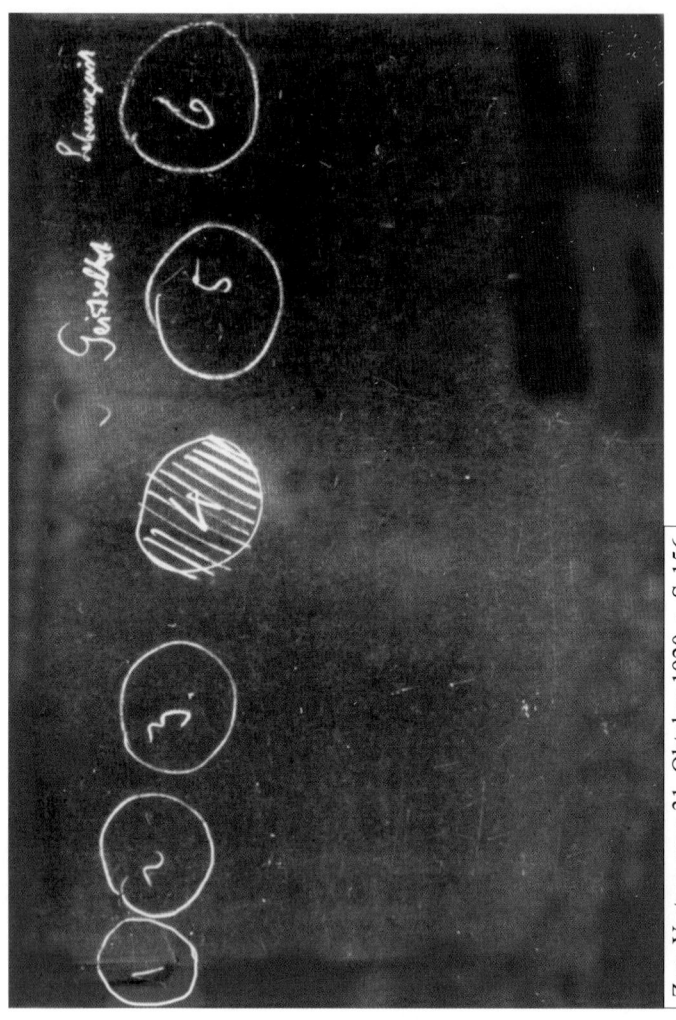

Zum Vortrag vom 31. Oktober 1920, s. S. 156

92

34

V o r t r a g

von

Dr. R u d o l f S t e i n e r

gehalten am 22. Oktober 1920 in D o r n a c h.

- - - - - - - - -

Meine lieben Freunde!

Gestern Abend hat unser lieber Freund L i l l e
den physischen Plan verlassen. Eine überwiegend große Anzahl derjenigen Freunde, die seit Jahren hier an diesem Bau arbeiten, und
auch solche, die immer wiederum hierhergekommen sind, kennen unseren Freund und haben ihn zweifellos sehr lieben gelernt. Lille war
eine Persönlichkeit, die ganz der anthroposophischen Sache ergeben
war, eine Persönlichkeit, die mit inniger Liebe an allen Arbeiten
und an dem ganzen Zustandekommen unseres Baues hing. Als Lille vor
einiger Zeit, durch seine Verhältnisse veranlaßt, nach seinem engeren Heimatlande zog, war ja schon der Keim derjenigen Krankheit,
die jetzt ihn hinweggerafft hat, in ihm. Es zog ihn aber wieder
hierher. Der gegnerische Geist in seinem Körper warf ihn, als er
wiederum hierhergekommen war im vorigen Jahre, aufs Krankenlager.
Es war eine schwere Zeit, die er hier durchgemacht hat. Dann suchte
er Erholung in den Bergen, immer gedenkend desjenigen, was hier für
die Menschheit entstehen soll, und voll überzeugt davon, welchen
Wert dasjenige hat, das hier eben entstehen soll. Als unsere Kurse

Erster Vortrag, erste Seite

93

V o r t r a g

von

Dr. R u d o l f S t e i n e r

gehalten am 22. Oktober 1920 in D o r n a c h .

- - -

Meine lieben Freunde!

Gestern Abend hat unser lieber Freund L i l l e den physischen Plan verlassen. Eine überwiegend grosse Anzahl derjenigen
Freunde, die seit Jahren hier an diesem Bau arbeiten, und auch solche,
die immer wiederum hierhergekommen sind, kennen unseren Freund und
haben ihn zweifellos sehr lieben gelernt. Lille war eine Persönlichkeit, die ganz der anthroposophischen Sache ergeben war, eine Persönlichkeit, die mit inniger Liebe an allen Arbeiten und an dem ganzen
Zustandekommen unseres Baues hing. Als Lille vor einiger Zeit, durch
seine Verhältnisse veranlasst, nach seinem engeren Heimatlande zog,
war ja schon der Keim derjenigen Krankheit, die jetzt ihn hinweggerafft hat, in ihm. Es zog ihn aber wieder hierher. Der gegnerische
Geist in seinem Körper warf ihn, als er wiederum hierhergekommen war,
im vorigen Jahre, aufs Krankenlager. Es war eine schwere Zeit, die
er hier durchgemacht hat. Dann suchte er Erholung in den Bergen,
immer gedenkend desjenigen, was hier für die Menschheit entstehen
soll, und voll überzeugt davon, welchen Wert dasjenige hat, das hier
eben entstehen soll. Als unsere Kurse hier begannen, fand er sich,

Erster Vortrag, erste Seite

nach, es ist heute schon in die Denkgewohnheiten hineingegangen.
Dagegen ein wirkliches, unbefangenes Hingeben an dasjenige, was
die Wahrheit ist, es führt zu einer Vergeistigung. Aber im Grunde
ist den Menschen das heute noch egal.

Bevor sich nicht eine genügend grosse Anzahl von
Menschen findet , die nun wirklich mit dem ganzen Herzen eintreten
wollen für dasjenige, was geistige Substanz ist, kann nichts Heilsames aus dem heutigen Chaos herauskommen. Man glaube nur nicht, dass
man mit der Galvanisierung des Alten irgendwie weiter vorschreiten
könne. Dieses Alte, es gründet „Weisheitsschulen" auf blosse hohle
Worte. Es hat die Universitäts.Philosophie mit Arthur Drews/versehen,
die aber wahrhaftig überall vretreten sind, und die Menschheit will
nicht Stellung nehmen. Ehe sie nicht Stellung nimmt, Stellung
nimmt in allen dreiGebieten des Lebens, auf geistigen, auf politischem, auf wirtschaftlichem Gebiet, ehe kann kein Heil hervorgehen
aus dem heutigen Chaos, sondern es muss immer tiefer und tiefer hinuntergehen.

Nun, davon werden wir nächsten Freitag um 8 Uhr, wo der
nächste Vortrag sein wird, weiter reden.

Samstag und Sonntag wird je um ½6 Uhr eine eurythmische
Vorstellung sein, und um 8 Uhr etwa der Vortrag.

- - - - - - -

Dritter Vortrag, letzte Seite

JOSEPH SMITH AT NAUVOO.

I.

IT is by no means improbable that some future text-book, for the use of generations yet unborn, will contain a question something like this: What historical American of the nineteenth century has exerted the most powerful influence upon the destinies of his countrymen? And it is by no means impossible that the answer to that interrogatory may be thus written: *Joseph Smith, the Mormon prophet.* And the reply, absurd as it doubtless seems to most men now living, may be an obvious commonplace to their descendants. History deals in surprises and paradoxes quite as startling as this. The man who established a religion in this age of free debate, who was and is to-day accepted by hundreds of thousands as a direct emissary from the Most High, — such a rare human being is not to be disposed of by pelting his memory with unsavory epithets. Fanatic, impostor, charlatan, he may have been; but these hard names furnish no solution to the problem he presents to us. Fanatics and impostors are living and dying every day, and their memory is buried

Aufsatz von J. Quincy, erste Seite (s. S. 165)

Dritter Vortrag

Materialismus und Geisteswissenschaft
Goethe und Schiller, Sucher nach dem Menschen

Dornach, 24. Oktober 1920

Meine lieben Freunde!

Ich habe bereits im Jahr 1891 auf die Beziehung aufmerksam gemacht, welche zwischen Schillers *Ästhetischen Briefen* und Goethes *Märchen von der grünen Schlange und der schönen Lilie* besteht. Heute möchte ich auf einen Zusammenhang hinweisen, der zwischen dem besteht, was ich gestern als Charakteristik der mittelländischen Zivilisation in dem Gegensatz der westlichen und östlichen Zivilisation gegeben habe und dem, was in ganz eigenartiger Weise bei Schiller und Goethe auftritt.

Man kann dieses ganze Streben, wie ich es gestern charakterisiert habe – auf der einen Seite das Ergriffensein der menschlichen Leiblichkeit von den Geistern des Westens, auf der anderen Seite das Fühlen jener geistigen Wesenheiten, die durch Imaginationen die Menschen des Ostens inspirieren und auf die östliche Zivilisation wirken –, man kann beides gerade bei diesen führenden Geistern merken, bei Schiller und Goethe.

In Schillers *Ästhetischen Briefen* wird eine Seelenverfassung des Menschen zu charakterisieren gesucht, die eine mittlere Stimmung darstellt zwischen dem einen, das der Mensch erleben kann – dem Hingegebensein an die Instinkte, an das Sinnlich-Physische –, und dem anderen, das er auch erleben kann, dem Hingegebensein an die logische Vernunftwelt. Schiller meint, dass der Mensch in beiden Fällen nicht zur Freiheit kommt: nicht in dem Fall, wenn er ganz der Sinnenwelt, der Welt der Instinkte und Triebe hingegeben ist – da ist er unfrei, da ist er seiner leiblich-physischen Wesenheit unfrei hingegeben –, aber auch nicht in dem Fall, wenn er der Vernunftnotwendigkeit, der logischen Notwendigkeit ganz hingegeben ist, denn da zwingen ihn die logischen Gesetze unter ihre Tyrannei.

Aber Schiller will auf einen mittleren Zustand hinweisen, wo der Mensch seine Instinkte so weit vergeistigt, dass er sich ihnen überlassen kann, dass sie ihn nicht hinunterziehen, ihn nicht versklaven, und wo der Mensch auf der anderen Seite die logische Notwendigkeit in das sinnliche Anschauen aufgenommen hat, aufgenommen hat in die persönlichen Triebe, sodass auch diese logische Notwendigkeit ihn nicht mehr versklavt. Schiller findet in dem Zustand des ästhetischen Genießens und des ästhetischen Schaffens diesen mittleren Zustand, in dem der Mensch zur wahren Freiheit kommen kann.

Es ist von großer Wichtigkeit, dass diese ganze Abhandlung Schillers aus derselben europäischen Stimmung hervorgegangen ist, aus der auch die Französische Revolution hervorgegangen ist. Dasselbe, was sich im Westen tumultuarisch als politische Bewegung mit der Hinorientierung auf äußere Umwälzungen geäußert hat, dasselbe bewegt Schiller, und es bewegt ihn so, dass er die Frage zu beantworten sucht: Was muss der Mensch an sich selbst tun, um zu einem wahrhaft freien Wesen zu werden?

Im Westen stellt man die Frage: Wie müssen die äußeren sozialen Zustände werden, damit der Mensch in ihnen frei sein kann? Schiller fragt: Wie muss der Mensch in sich selbst werden, damit er in seiner Seelenverfassung die Freiheit erleben kann? Schiller stellt sich vor, dass, wenn die Menschen zu einer solchen inneren Stimmung erzogen werden, sie dann auch ein soziales Gemeinwesen darstellen werden, in dem Freiheit herrscht. Also ein soziales Gemeinwesen will Schiller auf die Weise verwirklichen, dass die freien Zustände durch die Menschen geschaffen werden, nicht durch äußere Maßnahmen.

Schiller ist zu dieser Auffassung in seinen *Ästhetischen Briefen* durch seine Kant-Schulung gekommen. Er war bis zu einem hohen Grad eine künstlerische Natur, aber er hat sich gerade am Ende der achtziger Jahre und im Beginn der neunziger Jahre des 18. Jahrhunderts von Kant stark beeinflussen lassen. Er hat versucht, im Kant'schen Sinne solche Fragen zu beantworten.

Die Abfassung dieser Abhandlung der *Ästhetischen Briefe* fällt gerade in die Zeit, in der Goethe und Schiller zusammen die Zeitschrift *Die Horen* gründen, und Schiller legt die *Ästhetischen Briefe* Goethe vor. Goethes Seelenverfassung ist eine ganz andere als die Schillers. Gerade durch die Verschiedenheit ihrer Seelenverfassung kamen sich die beiden so nahe. Jeder konnte dem anderen das geben, was der andere nicht hatte. Goethe bekam also Schillers *Ästhetische Briefe,* in denen Schiller die Antwort zu der Frage geben wollte: Wie kommt der Mensch innerlich zu einer freien Seelenverfassung und äußerlich zu freien sozialen Zuständen?

Goethe konnte aus der philosophischen Abhandlung Schillers nicht viel machen. Diese Art der Begriffsführung, diese Art der Ideenentwicklung war Goethe nicht fremd. Derjenige, der wie ich gesehen hat, wie Kants *Kritik der reinen Vernunft* in Goethes eigenem Exemplar mit Unterstreichungen und Randbemerkungen versehen ist, wer das gesehen hat, der weiß, wie Goethe dieses abstrakte Werk Kants studiert hat. Wie er solche Werke hinnehmen konnte, so hätte er auch Schillers *Ästhetische Briefe* als Werk für das Studium hinnehmen können. Aber darum handelte es sich nicht, sondern für Goethe war diese ganze Konstruktion des Menschen – auf der einen Seite der Vernunfttrieb mit seiner logischen Notwendigkeit, auf der anderen Seite der Sinnestrieb mit seiner sinnlichen «Notdurft», wie Schiller es nannte, und der dritte Zustand, der mittlere Zustand –, das war für Goethe etwas viel zu Geradliniges, viel zu Einfaches.

Goethe empfand: So einfach kann man sich den Menschen nicht vorstellen, so einfach kann man auch die menschliche Entwicklung nicht darstellen. Deshalb schrieb er an Schiller und sagte, er will das ganze Problem, das ganze Rätsel, nicht in einer solch philosophisch-verstandesmäßigen Form behandeln, sondern bildmäßig. Bildmäßig hat Goethe dieses selbe Problem als Antwort auf die Zusendung der *Ästhetischen Briefe* Schillers in seinem *Märchen* behandelt.

In diesem *Märchen* hat er in den beiden Reichen, in den Reichen diesseits und jenseits des Flusses, das hingestellt, was Schiller als Sinnlichkeit und Vernunftmäßigkeit hinstellt – aber in bildhafter, mannigfaltig-konkreter Weise. Und was Schiller bloß abstrakt als den mittleren Zustand charakterisiert, das hat Goethe in der Aufrichtung des Tempels dargestellt, in dem da herrschen der König der Weisheit, der goldene König, der König des Scheins, der silberne König, und der König der Gewalt, der eherne, der kupferne König – und in dem der gemischte König zerfällt. In diesem *Märchen* hat Goethe dasselbe Problem in bildhafter Weise behandelt, und wir haben eine Hindeutung, auf Goethe'sche Weise eine Hindeutung auch auf die Tatsache, dass die äußere Gliederung der menschlichen Gesellschaft nicht eine Einheit sein kann, sondern eine Dreiheit sein muss, wenn der Mensch darin gedeihen soll.

Was dann einer späteren Epoche entsprechend als die Dreigliederung des sozialen Organismus herauskommen sollte, das gibt Goethe noch im Bild. Natürlich ist das noch nicht die Dreigliederung des sozialen Organismus, aber Goethe gibt in diesen drei Königen die Gestalt, die er dem sozialen Organismus anweisen will, in dem goldenen, dem silbernen und dem kupfernen König. Und das, was zerfällt, gibt er in dem gemischten König.

Man kann heute diese Dinge nicht mehr so geben. Das habe ich in meinem ersten *Mysteriendrama* gezeigt, wo dasselbe Motiv behandelt wird, wo es aber so ist, wie man es am Beginn des 20. Jahrhunderts behandeln muss, während Goethe sein *Märchen* am Ende des 18. Jahrhunderts schrieb. Man kann darauf hindeuten, auch wenn Goethe selbst das nicht getan hat, dass der goldene König dem sozialen Glied entspricht, das wir als das geistige Glied des sozialen Organismus bezeichnen, dass der König des Scheins, der silberne König, dem politischen Staat entspricht, dass der König der Gewalt, der kupferne König, dem wirtschaftlichen Glied des sozialen Organismus entspricht – und dass der gemischte König, der in sich selbst zerfällt, den Einheitsstaat darstellt, der in sich selbst keinen Bestand haben kann.

Das, meine lieben Freunde, ist Goethes bildhafte Hindeutung auf das, was als Dreigliederung des sozialen Organismus herauskommen sollte. Goethe hat gesagt, als er Schillers *Ästhetische Briefe* bekam: So kann man das nicht machen. Sie, lieber Freund, stellen sich den Menschen viel zu einfach vor. Sie stellen sich drei Kräfte vor, so ist es beim

Menschen aber nicht. Wenn man dieses ganze reichgegliederte Innere des Menschen anschauen will, so bekommt man ungefähr zwanzig Kräfte – die Goethe dann in seinen zwanzig Märchengestalten bildhaft dargestellt hat. Man muss das Ineinanderspielen und -wirken dieser etwa zwanzig Kräfte in einer wesentlich weniger abstrakten Weise darstellen.

So haben wir am Ende des 18. Jahrhunderts zwei Darstellungen ein und derselben Sache. Die eine ist von Schiller aus dem Verstand heraus, aber nicht so, wie die Menschen gewöhnlich aus dem Verstand heraus etwas machen, sondern so, dass der Verstand noch von Empfindung und Seele, von dem ganzen Menschen durchdrungen ist. Es ist ein Unterschied, ob irgendein Durchschnittsphilister eine Sache über den Menschen psychologisch darstellt, wo nur der Kopf über die Sache denkt, oder ob hier Schiller aus dem Erleben des vollen Menschen heraus sich das Ideal einer menschlichen Seelenverfassung konstruiert, und das, was er empfindet, in Verstandesbegriffe nur umwandelt.

Man kann mit dem Logisieren, mit dem verstandesmäßigen Analysieren, nicht weiter gehen auf dem Weg, auf dem Schiller gegangen ist, ohne philiströs und abstrakt zu werden. Es ist noch das volle Fühlen und Empfinden Schillers in jeder Zeile seiner *Ästhetischen Briefe.* Es ist nicht die steife Königsbergerität Immanuel Kants mit den trockenen Begriffen, es ist Tiefsinn in Verstandesformen, in Ideen hineingestaltet.

Würde man aber einen Schritt weitergehen, dann würde man in das verstandesmäßige Getriebe hineinkommen, das in der heutigen Wissenschaft verwirklicht ist, wo hinter dem, was verstandesmäßig ausgestaltet wird, der Mensch nichts mehr bedeutet, wo es gleichgültig ist, ob der Professor A, B, C oder der Professor X die Sache ausgestaltet, weil die Dinge nicht als aus dem ganzen Menschen heraus genommen dargestellt werden. Bei Schiller ist noch alles urpersönlich, aber bis in den Verstand heraufgehoben. Da lebt Schiller an einem Entwicklungspunkt der modernen Menschheitsentfaltung, der wichtig ist, wo Schiller gerade vor dem Halt macht, in das später die Menschheit vollständig hinein verfallen ist.

Wir wollen grafisch darstellen, wie die Sache gemeint ist. Das ist die allgemeine Tendenz der Menschheitsentwicklung (s. Tafelzeichnung S. 90, weißer Pfeil aufwärts). Sie geht aber nicht so vor sich, diese Menschheitsentwicklung – es ist nur schematisch, grafisch dargestellt –, sondern sie geht so vor sich, dass die Entwicklung sich in einer Lemniskate herumschlängelt (blau). Sie kann nicht so gehen (roter Pfeil), sondern es muss fortwährend, wenn die Entwicklung diesen Gang nimmt, es muss fortwährend neue Antriebe geben, die diese Linie im Sinne einer Lemniskate heraufheben. Schiller wäre an diesem Punkt hier in ein dunkleres Blau der bloßen Abstraktion, des bloßen Verstandesmäßigen hineingekommen, wenn er weiter fortgefahren wäre im Selbstständigmachen dessen, was er innerlich fühlte. Er machte Halt, er hielt an dem Punkt mit dem verständigen Gestalten inne, wo man die Persönlichkeit noch nicht verliert, wo man in dem verständigen Gestalten noch die Persönlichkeit darin hat. Daher wurde das nicht blau, sondern es wurde auf einer höheren Stufe von der Persönlichkeit, die ich hier mit rot durchziehen will, grün gemacht (s. Tafelzeichnung S. 90, grüne Lemniskate). Schiller hielt im Verstandesmäßigen gerade vor dem zurück, wo das Verstandesmäßige in seiner Reinheit herauswill. Sonst wäre er in den gewöhnlichen Verstand des 19. Jahrhunderts hineinverfallen.

Goethe drückte dasselbe in dem *Märchen* in Bildern aus, in wunderbaren Bildern. Aber er blieb auch bei diesen Bildern stehen, er konnte es gar nicht leiden, dass man an diesen Bildern herummäkelte. Für ihn ergab sich das, was er über den individuellen Menschen und über das soziale Leben empfand, in solchen Bildern, aber er durfte nicht weiter gehen als bis zu diesen Bildern. Denn hätte er versucht, von seinem Standpunkt aus weiter zu gehen, so wäre er in das Schwärmerische, in die Fantastik hineingekommen. Die Sache hätte keine Konturen mehr gehabt, sie wäre nicht mehr anwendbar gewesen für das Leben. Sie hätte das Leben überschritten, sie hätte sich über das Leben hinauserhoben. Sie wäre schwärmerische Fantastik geworden.

Goethe war genötigt, die andere Klippe zu vermeiden, wo er ganz ins Fantastische hineingekommen wäre. Dann hat er das beigemischt, was das Unpersönliche ist, was die

Bilder in der Region des Imaginativen hält, und er ist dadurch auch auf das Grün gekommen. Schiller hat, wenn ich mich schematisch ausdrücken darf, das Blau vermieden, das Ahrimanisch-Verstandesmäßige; Goethe hat das Rot vermieden, das Luziferisch-Schwärmerische, und ist beim konkreten imaginativen Bild geblieben.

Schiller hat sich als mittelländischer Mensch mit den Geistern des Westens auseinandergesetzt. Die wollten ihn zu dem ganz Verstandesmäßigen verleiten. Kant ist dem erlegen. Ich habe das dargestellt, indem ich vor kurzer Zeit hier darauf hingewiesen habe, wie Kant durch David Hume dem Verstandesmäßigen des Westens erlegen ist. Schiller hat sich herausgearbeitet, obwohl er von Kant sich schulen ließ. Er ist bei dem geblieben, was nicht bloß verstandesmäßig ist.

Goethe hatte mit den anderen Geistern zu kämpfen, mit den Geistern des Ostens, die ihn nach der Imagination trieben. Er konnte zu seiner Zeit, weil Geisteswissenschaft noch nicht vorhanden war, er konnte im *Märchen* nicht weiter als bis zu einem Gewebe von Imaginationen gehen. Aber auch da blieb er innerhalb der festen Konturen, er ging nicht bis ins Fantastische, Schwärmerische hinauf. Er befruchtete sich, indem er nach dem Süden zog, wo noch viel von dem Erbgut des Ostens erhalten war. Er lernte die Geister des Ostens noch in der Nachblüte orientalischer Kultur, in der griechischen Kunst kennen, wie er sie sich aus den italienischen Kunstwerken rekonstruierte. Er lernte sie da kennen.

Es ist etwas Eigentümliches in diesem Freundschafts-bund zwischen Schiller und Goethe. Schiller hat zu kämpfen mit den Geistern des Westens. Er ergibt sich ihnen nicht, er hält zurück, er verfällt nicht in den bloßen Verstand. Goethe hat zu kämpfen mit den Geistern des Ostens. Sie wollen ihn zum Schwärmerischen treiben. Er hält zurück, er bleibt bei den Bildern, die er im *Märchen* gegeben hat. Goethe hätte sonst in die Schwärmerei verfallen und die orientalische Of-fenbarung annehmen müssen. Schiller hätte sonst ganz ver-standesmäßig werden und das, wozu er ernannt worden ist, ernst nehmen müssen. Er ist von der Revolutionsregierung zum «französischen Bürger» ernannt worden, aber er hat die Sache nicht ernst genommen.

Da sehen wir, wie in einem wichtigen Punkt europäischer Entwicklung diese zwei Seelenverfassungen, die ich cha-rakterisiert habe, nebeneinanderstehen. Sie leben in jeder einzelnen mitteleuropäischen Individualität, aber in Schiller und Goethe stehen sie zu gleicher Zeit nebeneinander da. Es musste, während Schiller und Goethe noch auf jenem Punkt geblieben sind, es musste erst der Einschlag der Geisteswis-senschaft kommen, der diese Lemniskatenkurve heraufhebt, sodass sie dann auf einer höheren Stufe erscheint. Das konn-te erst durch Geisteswissenschaft geschehen.

So sehen wir vorgebildet in Schillers drei Zuständen – dem Zustand der Vernunftnotwendigkeit, dem der Instinktnot-wendigkeit und dem der freien ästhetischen Stimmung – und in Goethes drei Königen – dem goldenen, dem silbernen und dem kupfernen König –, so sehen wir da all das vorgebildet, was wir durch Geisteswissenschaft sowohl über die Dreigliederung des Menschen als auch über die Dreigliederung des sozialen Organismus für die nächsten Rätselfragen und Ziele des einzelnen Menschen und des menschlichen Zusammenlebens zu finden haben.

Diese Dinge, sie weisen uns darauf hin, dass die Dreigliederung des sozialen Organismus nicht durch eine Willkür an die Oberfläche getragen worden ist, sondern dass schon die besten Geister der neueren Menschheitsentwicklung darauf hintendiert haben, solches zu bringen. Aber wenn es nichts anderes gäbe als ein solches Denken über das Soziale, wie es Goethes *Märchen* ist, so könnte man nicht zur Schlagkraft des äußeren Wirkens kommen. Goethe stand an dem Punkt, die bloße Offenbarung zu überwinden, er ist in Rom nicht zum Katholiken geworden. Er erhob sich zu seinen Imaginationen, aber er blieb beim bloßen Bild stehen. Und Schiller ist nicht zum Revolutionär geworden, sondern zum Erzieher des inneren Menschen. Er blieb bei dem stehen, wo noch Persönlichkeit in der Verstandesgestaltung ist.

So wirkte sich in einer späteren Phase mitteleuropäischer Kultur etwas aus, was schon in älteren Zeiten zu bemerken ist, am klarsten für den modernen Menschen noch zu bemerken ist im Griechentum – nach dem Griechentum strebte ja auch Goethe. Im Griechentum ist zu bemerken, dass das Soziale im

Mythos dargestellt wird, also auch im Bild. Aber der griechische Mythos ist so Bild, wie auch Goethes *Märchen* Bild ist. Man kann mit diesen Bildern im sozialen Organismus nicht reformatorisch wirken. Man kann nur als Idealist sagen, was sich bilden muss, aber die Bilder sind ein zu leichtes Gebäude, als dass man damit schlagkräftig in die Gestaltung des sozialen Organismus eingreifen kann. Daher haben die Griechen auch nicht geglaubt, mit dem Stehenbleiben bei den Bildern, bei den Mythenbildern, auch das Soziale zu treffen. Und da kommen wir, wenn wir diese Linie des Forschens verfolgen, an einen wichtigen Punkt der griechischen Entwicklung.

Für das Alltagsleben, wo sich die Dinge gewohnheitsmäßig abspielen, da dachten sich die Griechen von ihren Mythengöttern, von ihren Mythengeistern abhängig. Dann aber, wenn es sich darum handelte, Großes zu entscheiden, da sagten sie sich: Da machen es die Götter nicht aus, die durch die Imagination hereinwirken, die die Mythengötter sind. Da muss etwas Realeres zutage treten. Und da trat das Orakel zutage. Da wurden die Götter nicht bloß imaginativ vorgestellt, da wurden sie veranlasst, die Menschen zu inspirieren. Mit Orakelsprüchen befassten sich die Griechen, wenn sie neue soziale Impulse haben wollten. Da stiegen sie von der Imagination zur Inspiration auf, aber zu einer Inspiration, zu der sie die äußere Natur herbeiriefen.

Und wir modernen Menschen müssen auch versuchen, uns zur Imagination zu erheben, aber dann zu einer Inspiration, die nicht die äußere Natur in den Orakeln herbeiruft, sondern die zum Geist aufsteigt, um sich von der Sphäre des Geistes inspirieren zu lassen. Wie die Griechen zum Realen griffen, wenn es sich um Neues im Sozialen handelte, wie sie nicht bei Imaginationen geblieben sind, sondern zu den Inspirationen aufgestiegen sind, so können auch wir nicht bei bloßen Imaginationen bleiben, sondern müssen zu den Inspirationen aufsteigen, wenn wir irgendetwas zum sozialen Heil in der neueren Zeit finden wollen.

Und hier kommen wir an einen anderen Punkt, der wichtig ist zu beachten.

Warum sind Schiller und Goethe, der eine auf dem Weg nach dem Verständigen, der andere auf dem Weg nach dem Imaginativen stehengeblieben? Geisteswissenschaft hatten sie beide nicht, sonst hätte Schiller dazu fortschreiten können, seine Begriffe geisteswissenschaftlich zu durchdringen. Er hätte dann etwas viel Realeres in seinen drei Seelenzuständen gefunden als die drei Abstraktionen, die er in den *Ästhetischen Briefen* hat. Goethe hätte die Imagination mit dem ausgefüllt, was real aus der geistigen Welt hereinspricht. Er hätte zu den Gestaltungen des sozialen Lebens vordringen können, die aus der geistigen Welt bewirkt sein wollen – für den goldenen König das geistige Glied des sozialen Organismus, für den silbernen König, den König des Scheins das staatliche Glied des sozialen Organismus, für den ehernen König, den kupfernen König das wirtschaftliche Glied.

Die Zeit, in der Schiller und Goethe zu ihren Einsichten, der eine in den *Ästhetischen Briefen,* der andere im *Märchen,* vorgedrungen sind, diese Zeit war noch nicht dazu angetan, weiterzudringen, denn um weiterzudringen muss man etwas ganz Bestimmtes wissen. Man muss wissen, was aus der Welt wird, wenn man den Weg Schillers weitergeht bis zur vollen Ausgestaltung des Unpersönlich-Verstandesmäßigen. Das 19. Jahrhundert hat es in der Naturwissenschaft ausgebildet, dieses Unpersönlich-Verstandesmäßige, und die zweite Hälfte des 19. Jahrhunderts hat angefangen, es auch in den äußeren, öffentlichen Angelegenheiten zu verwirklichen.

Da liegt aber ein bedeutsames Geheimnis vor. Im menschlichen Organismus muss fortwährend das, was aufgenommen wird, zur Zerstörung geführt werden. Wir können nicht fortwährend bloß essen, wir müssen auch ausscheiden, es muss das, was wir als Stoff aufnehmen, einem Niedergang entgegengehen. Das muss wiederum heraus aus dem Organismus, das muss zerstört werden. Und das Verstandesmäßige ist das, was, sobald es im Einheitsstaat, im gemischten König, das Wirtschaftsleben ergreift, dieses Wirtschaftsleben zerstört.

Wir leben aber in der Zeit, in der sich der Verstand entwickeln muss. Wir können im 5. nachatlantischen Zeitraum

111

nicht zur Entwicklung der Bewusstseinsseele kommen, ohne den Verstand zu entwickeln. Und die westlichen Völker haben gerade die Aufgabe, den Verstand in das Wirtschaftsleben hineinzutragen. Was bedeutet das?

Wir müssen ein Wirtschaftsleben gründen, das wir verstandesmäßig gestalten müssen. Wir können es nicht imaginativ gestalten, wie Goethe in seinem *Märchen* gestaltet hat. Wir müssen im Wirtschaftsleben den Weg, den Schiller nur bis zu der noch persönlichen Anschauung des Verstandesmäßigen getrieben hat, wir müssen diesen Weg weitergehen. Wir müssen ein Wirtschaftsleben gründen, das als Wirtschaftsleben, weil es verstandesmäßig sein muss, im 5. nachatlantischen Zeitraum notwendigerweise zerstörerisch wirkt. Es gibt im heutigen Zeitraum kein Wirtschaftsleben, das imaginativ geführt werden kann wie das alte Wirtschaften des Ostens oder noch das Wirtschaften des europäischen Mittelalters.

Seit der Mitte des 15. Jahrhunderts haben wir nur die Möglichkeit, ein solches Wirtschaftsleben zu haben, das, wenn es allein da ist oder mit den anderen Gliedern des sozialen Organismus vermengt ist, zerstörerisch wirkt. Es geht nicht anders.

Daher betrachten wir dieses Wirtschaftsleben als die eine Waagschale, die tief hinuntersinken muss, die zerstörerisch wirken muss. Es muss ein Gegengewicht da sein (s. Tafelzeichnung S. 91). Wir müssen als das eine Glied des

112

sozialen Organismus ein zerstörerisches Wirtschaftsleben haben, und wir müssen ein Geistesleben haben, das immer wieder aufbaut, das das Gegengewicht dem hält, was zerstörerisch wirkt. Hält man heute an dem Einheitsstaat fest, dann wird das Wirtschaftsleben, wie es im Westen der Fall ist, in diesem Einheitsstaat das Geistesleben aufsaugen. Dann muss ein solcher Einheitsstaat notwendigerweise zur Zerstörung führen. Wenn man wie Lenin und Trotzki bloß aus dem Verstand heraus einen Staat begründet, muss er zur Zerstörung führen, weil sich der Verstand bloß auf das Wirtschaftsleben richten kann.

Das fühlte Schiller, indem er seinen sozialen Zustand ausdachte. Er fühlte: Gehe ich mit dem verstandesmäßigen Denken weiter, dann komme ich in das Wirtschaftsleben hinein, dann muss ich den Verstand auf das Wirtschaftsleben anwenden. Dann schildere ich nicht das, was wächst und gedeiht, sondern ich schildere das, was in der Zerstörung lebt. Schiller zuckte zurück vor der Zerstörung. Er hielt gerade an dem Punkt inne, wo die Zerstörung anbrechen würde, da blieb er stehen.

Die Neueren denken alle möglichen Wirtschaftssysteme aus, wissen nur nicht, weil sie ein zu grobes Gefühl dafür haben, dass jedes wirtschaftliche System, das sie so ausdenken, zur Zerstörung führt, unbedingt zur Zerstörung führt, wenn es nicht jederzeit wiederum durch das selbstständig sich entwickelnde Geistesleben erneuert wird, das sich zu dem Zerstören, zu dem Ausscheiden des Wirtschaftslebens immer wieder wie das Aufbauende verhält. In diesem Sinne ist auch in meinen *Kernpunkten der sozialen Frage* das Zusammenwirken des geistigen Gliedes des sozialen Organismus mit dem wirtschaftlichen Glied geschildert.

Würde unter der modernen Verständigkeit des 5. nachatlantischen Zeitraums das Kapital bei einem Menschen bleiben auch dann, wenn er es nicht mehr selbst verwalten kann, dann würde der Kreislauf des Kapitals selbst das Wirtschaften bewirken – und Zerstörung müsste kommen. Da muss das Geistesleben eingreifen, da muss über das Geistesleben das Kapital an denjenigen gebracht werden, der wieder bei seiner Verwaltung dabei ist. Das ist der innere Sinn der Dreigliederung des sozialen Organismus, dass man sich im richtig gedachten dreigliedrigen sozialen Organismus keiner Illusion hingibt, dass das Wirtschaftsleben der modernen Zeit ein zerstörendes Element ist, und dass ihm fortwährend das aufbauende Element des geistigen Gliedes des sozialen Organismus entgegengesetzt werden muss.

Mit jeder neuen Generation, mit den Kindern, die wir in der Schule unterrichten, wird uns von der geistigen Welt etwas gegeben, etwas heruntergeschickt. Das fangen wir in der Erziehung auf, das ist etwas Geistiges, das wir wiederum dem Wirtschaftsleben einverleiben, um dessen Zerstörung zu verhüten, denn das Wirtschaftsleben, durch sich selbst seinen Gang gehend, zerstört sich.

So muss man hineinsehen in das soziale Getriebe. So muss man sehen, wie am Ende des 18. Jahrhunderts Goethe und Schiller dastanden. Schiller sagte sich: Ich muss zurück- zucken, ich darf keinen sozialen Zustand schildern, der bloß an den unpersönlichen Verstand appelliert, ich muss mit dem Verstand innerhalb des Persönlichen bleiben, sonst würde ich die wirtschaftliche Vernichtung schildern. Goethe sagte sich: Ich will nicht schwärmerische Bilder, ich will scharf kontu- rierte Bilder. Denn würde ich eine Strecke weitergehen, so kä- me ich in einen Zustand hinein, der nicht auf der Erde ist, der nicht schlagkräftig in das Leben selbst eingreifen kann. Ich würde das Wirtschaftsleben wie etwas Unlebendiges unter mir lassen, ich würde ein Geistesleben begründen, das nicht in die Tatsachen des unmittelbaren Lebens eingreifen kann.

So sehen wir, dass wir nur dann richtig im Goetheanis- mus leben, wenn wir nirgends bei Goethe stehenbleiben, sondern überall jene Entwicklung mitmachen, die Goethe selbst seit dem Jahr 1832 (Goethes Todesjahr) durchgemacht hat. Ich habe auch dieses, dass das Wirtschaftsleben fort- während heute in seine eigene Zerstörung hineinarbeitet und fortwährend dieser Zerstörung entgegengearbeitet werden muss, wie der Zerstörung des Menschen durch das Essen entgegengearbeitet werden muss, ich habe auch das in mei- nen *Kernpunkten der sozialen Frage* angedeutet.[17] Nur liest

---

17 Rudolf Steiner, *Die Kernpunkte der sozialen Frage* (Bad Lieben- zell 2010), S. 64: «Ein gesundes Denken und Empfinden, ein gesundes

man die Dinge nicht ordentlich, sondern man denkt, dieses Buch sei auch so geschrieben, wie heute die meisten Bücher geschrieben sind, dass man sie einfach durchlesen kann. Es will aber jeder Satz bei einem solchen aus dem praktischen Leben heraus geschriebenen Buch bedacht sein.

Schillers *Ästhetische Briefe* sind wenig verstanden worden in der Folgezeit. Ich habe davon öfter gesprochen: Man hat sich wenig mit ihnen beschäftigt. Sonst würde das Studium der Schiller'schen *Ästhetischen Briefe* ein guter Weg zum Hineinmünden in das sein, was in meiner Schrift *Wie erlangt man Erkenntnisse der höheren Welten?* zu finden ist. Dazu könnten Schillers *Ästhetische Briefe* die Vorbereitung sein. Und wiederum könnte Goethes *Märchen* die Vorbereitung sein, um sich jene Art der Geisteskonfiguration anzueignen, die nicht aus dem bloßen Verstand kommen kann, die nur aus tieferen Kräften heraus kommen kann, und die dann so etwas wie die *Kernpunkte der sozialen Frage* wirklich verstehen kann.

Sowohl Schiller als auch Goethe empfanden das Tragische der mitteleuropäischen Zivilisation. Die Dinge waren ihnen nicht bewusst, aber sie empfanden sie, beide empfanden sie. Man kann das bei Goethe überall in den Gesprächen

Wollen und Begehren mit Bezug auf die Gestaltung des sozialen Organismus kann sich nur entwickeln, wenn man, sei es auch mehr oder weniger bloß instinktiv, sich klar darüber ist, dass dieser soziale Organismus, soll er gesund sein, ebenso dreigliedrig sein muss wie der natürliche Organismus.»

mit Eckermann, mit dem Kanzler von Müller, in zahlreichen anderen Andeutungen nachlesen. Man kann bei Goethe nachlesen, dass er empfand: Wenn nicht etwas wie ein neuer Einschlag, etwas wie ein neues Begreifen des Christentums[18] aus dem Geistigen kommt, dann muss es abwärts gehen. Vieles, was Goethe an Resignationsstimmung in seinen späteren Jahren dargelebt hat, beruht auf dieser Stimmung.

Und diejenigen, die ohne Geisteswissenschaft Goetheaner geworden sind, sie fühlen, dass im mitteleuropäischen Wesen gerade dieses eigentümliche Nebeneinanderwirken der Geister des Westens und der Geister des Ostens ersichtlich ist. Ich habe gestern gesagt: Innerhalb der mitteleuropäischen Zivilisation ist jener Ausgleich, den die Hochscholastik zwischen der Vernunftwissenschaft und der Offenbarung gesucht hat, der ist auf die Wirkung der Geister des

---

18 vgl. Goethes Gespräch mit F. v. Müller am 8. Juni 1830:

«‹Übrigens wird dieser vierte Teil [von *Dichtung und Wahrheit*] nur das Jahr 1775 umfassen, aber einen wichtigen, inhaltvollen, gleichsam bräutlichen Zustand darstellen, eine Hauptkrisis meines Lebens.› Das ‹Glaubensbekenntnis eines Denkgläubigen› nannte er, obwohl nicht mißbilligend, eine betrübende Erscheinung, weil sie auf Halbheit und kümmerlicher Akkomodation beruhe. Man müsse entweder den Glauben an die Tradition festhalten, ohne sich auf ihre Kritik einzulassen, oder, wenn man sich der Kritik ergebe, jenen Glauben aufgeben. Ein drittes sei nicht gedenkbar. ‹Mir bleibt Christus immer ein höchst bedeutendes, aber problematisches Wesen.›
Die Menschheit steckt jetzt in einer religiösen Krisis; wie sie durchkommen will, weiß ich nicht, aber sie muß und wird durchkommen.» (*Goethes Gespräche,* Biedermannsche Ausgabe, Band 3, Zweiter Teil).

Westens und der Geister des Ostens zurückzuführen. Wie das bei Schiller und Goethe zum Vorschein kommt, das haben wir heute gesehen.

Die ganze mitteleuropäische Zivilisation schwankt in diesem Wirbel, in dem der Osten und der Westen durcheinanderwirbeln, vom Osten herüber die Sphäre des goldenen Königs, vom Westen herüber die Sphäre des kupfernen Königs, vom Osten herüber die Weisheit, vom Westen herüber die Gewalt – und in der Mitte das, was Goethe im silbernen König darstellt, der Schein, der sich nur schwer mit Wirklichkeit durchdringt. Das Scheinhafte der mitteleuropäischen Zivilisation, das lag als tragische Stimmung auf dem Untergrund der Goethe'schen Seele.

Und Herman Grimm hat es in schöner Weise aus seinem Goethe-Empfinden heraus gesagt. Er hat als ein Mensch, der auch von der Geisteswissenschaft unberührt war, er hat den Goethe gesehen, der bis 1832 gelebt hat. Er hat ihn als einen solchen Geist charakterisiert, der diesen Zwiespalt der mitteleuropäischen Zivilisation in sich hat, dieses Hineingetriebensein in den Wirbel der Geister des Ostens und der Geister des Westens. Dies führt dazu, den Willen nicht zu seinem Recht kommen zu lassen, was zu der ewig schwankenden Stimmung der deutschen Geschichte geführt hat, aus der nur das heraushelfen kann, was anthroposophisch orientierte Geisteswissenschaft anstrebt. Schön hat Herman Grimm gesagt:

«Die Deutsche Geschichte ist für Treitschke das unablässige Streben nach geistiger und staatlicher Einheit und auf dem Wege zu ihr das unablässige Dazwischentreten unserer eigensten angeborenen Eigenschaften.»

So sagt Herman Grimm, sich selbst als Deutscher fühlend. Er sagt weiter:

«Immer dieselbe Art unserer Natur, sich zu widersetzen, wo man nachgeben sollte, und nachzugeben, wo Widerstand nöthig war. Das wunderbare Vergessen des eben erst Vergangenen, das plötzliche Nichtmehrwollen des eben noch heftig Erstrebten, die Mißachtung der Gegenwart, aber die feste, doch unbestimmte Hoffnung. Dazu der Hang, sich dem Fremden hinzugeben und, wenn dies einmal geschah, zugleich dann aber der unbewußte, maßgebende Einfluß auf die Ausländer, denen man sich doch unterwarf.»[19]

Wenn man es heute mit mitteleuropäischer Zivilisation zu tun hat und mit dieser mitteleuropäischen Zivilisation etwas erreichen will, so weht einem überall diese Tragik entgegen, die die ganze Geschichte des Deutschen, des Mitteleuropäischen, zwischen dem Westen und dem Osten verrät. Auch heute ist es überall noch so, dass man mit Herman Grimm sagen kann:

---

19 *Beiträge zur Deutschen Culturgeschichte,* von Herman Grimm (Berlin 1897), «Heinrich von Treitschke's Deutsche Geschichte», S. 5.

«Immer dieselbe Art unserer Natur, sich zu widersetzen, wo man nachgeben sollte, und nachzugeben, wo Widerstand nöthig war.» Das ist dasjenige, was von der schwankenden Mitte herrührt, von dem, was zwischen zerstörerischer Wirtschaft und aufbauendem Geistesleben als das rhythmische Hin- und Herschwanken des Staatlichen mittendrinsteht.

Weil in diesen Mittelländern gerade das staatlich-politische Element seine Triumphe gefeiert hat, deshalb lebt da der Schein, der leicht zur Illusion werden kann. Schiller will nicht den Schein verlassen, indem er seine *Ästhetischen Briefe* hinschreibt. Er weiß, wenn man es mit dem bloßen Verstand zu tun hat, dann kommt man in das Zerstörerische des Wirtschaftslebens hinein. Im 18. Jahrhundert ist der Teil zerstört, der durch die Französische Revolution zerstört worden ist. Im 19. Jahrhundert wurde es noch viel schlimmer. Und Goethe wusste: Er darf nicht bis zum Schwärmerischen gehen, er muss im Imaginativen stehenbleiben.

Aber es erzeugt sich sehr leicht bei diesem Schwanken zwischen dem einen und dem anderen, in dieser Zweiheit, die sich in der Wirbelbewegung hin und her zwischen den Geistern des Westens und den Geistern des Ostens vollzieht, es erzeugt sich sehr leicht dabei eine illusionäre Stimmung. Es ist gleichgültig, ob diese illusionäre Stimmung im Religiösen, oder ob sie im Politisch-Militärischen herauskommt. Es ist schließlich ganz gleichgültig, ob der Schwärmer irgendeine Mystik ausschwärmt, oder ob er so schwärmt, wie Ludendorff[20] geschwärmt hat, ohne auf dem Boden der Wirklichkeit zu stehen. Das kann einem auch in einer liebenswürdigen Weise entgegentreten, denn dieselbe Stelle von Herman Grimm, die ich eben vorgelesen habe, fährt fort:

«Man sehe doch heute: Niemand schien so völlig vom Vaterlande losgetrennt als der Deutsche, der zum Amerikaner geworden war, und heute steht das amerikanische Leben, in dem das unserer Auswanderer aufging, unter dem Einflusse des Deutschen Geistes.»[21]

So schreibt Herman Grimm, der geistvolle Mann. Er schreibt so 1897, wo man nur aus der ärgsten Illusion heraus glauben konnte, dass die Deutschen, die nach Amerika gekommen sind, das amerikanische Leben deutsch nuancieren würden. Denn längst bereitete sich das vor, was dann im zweiten Jahrzehnt des 20. Jahrhunderts herauskam, dass das Amerikanische völlig überflutet hat das Bisschen, was die Deutschen hineinbringen konnten. Und noch größer wird das Illusorische dieses Ausspruchs von Herman Grimm, wenn man das Folgende ins Auge fasst, meine lieben Freunde.

Herman Grimm tut diesen Ausspruch aus Goethe'scher Gesinnung heraus, denn er hat sich ganz an Goethe herangebildet. Aber er hat noch einen anderen Einschlag in sich

20 Erich Ludendorff (1865-1937), deutscher General und Politiker.
21 *Beiträge zur Deutschen Culturgeschichte,* von Herman Grimm (Berlin 1897), «Heinrich von Treitschke's Deutsche Geschichte», S. 5-6.

gehabt. Wer Herman Grimm genau kennt, seinem Stil nach, seiner ganzen Ausdrucksform nach, auch seiner Denkweise nach, der weiß: Herman Grimm hat sehr viel von Goethe angenommen, nicht aber das Reale, das Durchdringende von Goethe. Denn er schildert so, dass er eigentlich Schattenbilder schildert, nicht wirkliche Menschen. Er hat noch etwas anderes in sich, nicht bloß Goethe. Und was hat Herman Grimm noch in sich? Amerikanismus hat er in sich, denn das, was er in seinem Stil, in seinen Gedankenformen außer von Goethe in sich hat, das hat er durch eine frühe Lektüre Emersons[22] bekommen. Seine Satzbildung, seine

---

22 Ralph Waldo Emerson (1803-1882), US-amerikanischer Essayist und Philosoph. s. auch: *Neue Essays über Kunst und Literatur* von Herman Grimm (Berlin 1865), S. 1-23: «Ralph Waldo Emerson»:

«[...]es ist der Eingang des Essays, welcher *Nature* überschrieben ist. Ich las es, und wie ich Satz für Satz weiter schritt, ward mir zu Muthe, als sei ich dem einfachsten, wahrsten Menschen begegnet und hörte ihm zu, wie er mit mir spräche.

[...]ich folgte den Gedanken Wort auf Wort: alles erschien mir alt und bekannt als hätte ich es tausendmal gedacht oder geahnt, alles neu als lernte ich es zum erstenmal. Hatte ich das Buch eine Zeitlang nicht in Händen gehabt, so revoltirte mein Unabhängigkeitssinn auf eigene Faust. Ich hielt es nicht für möglich daß ich mich so gefangen gegeben hätte, ich schien mir getäuscht und betrogen, ich sagte mir: dieser Mensch wird ein Mensch sein wie alle andern [...] und wenn ich dann wieder seine Sätze las, flog die zauberische Luft über mein Herz von neuem, es erfrischte sich das alte abgearbeitete Getriebe der Welt, als hätte ich niemals so reine Luft gekostet. Ich hörte neulich von einem Amerikaner, der Emersons Vorlesungen beigewohnt, es gäbe nichts Ergreifenderes, als diesen Mann zu hören. Ich glaube das. Es geht nichts über die Stimme eines Menschen, der aus tiefster Seele das ausspricht was er für wahr hält.» (S. 5-6).

Gedankenführung ist dem Amerikaner Emerson nachgebildet.

So befindet sich Herman Grimm in dieser doppelten Illusion, in diesem Reich des silbernen Königs, des schönen Scheins. Er wähnt, als Amerika schon all das ausgeworfen hat, was deutscher Einfluss ist, er wähnt, dass Amerika germanisiert würde, während er selbst einen Einschlag von Amerikanismus in sich trägt.

So drückt sich oft intim das aus, was in der äußeren Kultur grob da ist. Da hat sich der grobe Darwinismus, da hat sich die grobe wirtschaftliche Denkweise ausgebreitet. Wenn nicht die Dreigliederung des sozialen Organismus kommt, wird das zum Ruin führen, weil das bloß verstandesmäßig konstruierte Wirtschaftsleben notwendigerweise zum Ruin führt.

Und derjenige, der aus diesem Wirtschaftsleben heraus denkt, wie Oswald Spengler,[23] der kann wissenschaftlich beweisen, dass mit dem Beginn des 3. Jahrtausends die zivilisierte Welt, die heute schon nicht mehr so stark zivilisiert ist, in die wüsteste Barbarei wird versunken sein müssen, weil Spengler nichts weiß von dem, was diese Welt als neuen Einschlag erhalten kann, nichts weiß von einem geistigen Einschlag.

---

23 *Der Untergang des Abendlandes, Umrisse einer Morphologie der Weltgeschichte,* von Oswald Spengler, Erster Band: Gestalt und Wirklichkeit (Wien und Leipzig 1918); Zweiter Band: Welthistorische Perspektiven (München 1922).

Aber es hat sich recht schwer durchzukämpfen das, was als Geisteswissenschaft und als geisteswissenschaftliche Kultur vor die Welt heute nicht hintreten will, sondern hintreten muss. Und überall machen sich diejenigen geltend, die diese Geisteswissenschaft nicht aufkommen lassen wollen. Wenig tatkräftige Arbeiter sind auf diesem Boden der Geisteswissenschaft da, während die anderen, die in das Werk der Zerstörung hineinführen, tatkräftig sind.

Man braucht nur zu sehen, wie der heutige Mensch ganz ratlos ist gegenüber dem, was im heutigen Zivilisationsleben auftritt. Es ist charakteristisch, wie eine Zeitung der Ostschweiz Berichte über meine Vorträge über die Grenzen des Naturerkennens während des Hochschulkurses gebracht hat. Jetzt hält Arthur Drews[24] Vorträge an dem Ort, an dem diese Zeitung erscheint – Arthur Drews, der Nachgackerer Eduard von Hartmanns, der nie etwas anderes zustande gebracht hat, als dass er dem Eduard von Hartmann, dem Philosophen des Unbewussten, nachgegackert hat. Bei Hartmann ist es interessant, bei dem Nachgackerer ist es natürlich etwas höchst Überflüssiges. Und diese an der Karlsruher Hochschule wirkende philosophische Hohlköpfigkeit, die macht sich jetzt

---

24 Arthur Drews (1865–1935) war Philosophie-Professor an der TH in Karlsruhe. Seine Aufsätze gegen die Anthroposophie erschienen gesammelt mit dem Titel: *Metaphysik und Anthroposophie in ihrer Stellung zur Erkenntnis des Übersinnlichen* (Berlin 1922). Steiner spricht über den Zeitgenossen Drews im vertrauten Kreis und darf ganz anders offen sprechen als in der Öffentlichkeit.

auch über das her, was anthroposophisch orientierte Geisteswissenschaft ist.

Und wie steht der heutige Mensch – das möchte ich besonders hervorheben – vor diesen Dingen? Er sagt: Wir haben dem einen Gehör gegeben, jetzt geben wir auch dem anderen Gehör. Das heißt, dem heutigen Menschen ist alles egal. Das ist dasjenige, was das Furchtbare ist. Ob der heutige Nachgackerer von Eduard von Hartmann Arthur Drews etwas gegen Anthroposophie hat oder nicht, darauf kommt es gar nicht an, denn das, was der Mann gegen Anthroposophie hat, das kann man aus dessen Büchern konstruieren, kein einziger Satz braucht auszubleiben. Man kann alles aus den phrasenhaften Büchern von Arthur Drews herleiten, was er gegen Anthroposophie hat.

Aber das Bedeutsame ist, dass die Menschen auf dem Standpunkt stehen: Man hört das eine, man notifiziert es, man hört das andere, man notifiziert es – und dann ist es abgetan, dann ist Schluss. Es braucht nur ein wirkliches Eingehen auf die Dinge, um auf den rechten Weg zu kommen, aber der heutige Mensch will sich nicht auf ein rechtes Eingehen auf die Dinge einlassen. Das ist das ganz Furchtbare, das Schreckliche, das ist dasjenige, was die Menschen so weit getrieben hat, dass sie nicht mehr imstande sind zu unterscheiden zwischen dem, was von Realitäten spricht, und dem, was ganze Bücher schreibt, wie der Graf Hermann von Keyserling, in denen kein einziger

Gedanke ist, sondern nur Worte, nur durcheinandergewürfelte Worte.[25]

Sehnt man sich nach einem Aufnehmen von etwas, was dazu führt, das hohle Wortgeplänkel von dem zu unterscheiden, was auf geistiger Forschung beruht, dann findet man niemand, der sich aufrafft, niemand, der sein Herz zusammennimmt und ergriffen wird von dem, was substanziell ist. Das haben die Leute verlernt, gründlich verlernt in der Zeit, wo die Wahrheit nicht nach der Wahrheit entschieden wird, sondern wo unter die Menschen die große Lüge getreten ist, wo die einzelnen Nationalitäten in den letzten Jahren das wahr gefunden haben, was von ihnen ist, und das falsch gefunden haben, was von einer anderen Nationalität ist. Das empörte Gegeneinander-Lügen, das ist dasjenige, was Signatur des öffentlichen Lebens geworden ist. Wenn irgendetwas von einer anderen Nation gekommen ist, so war es das Unwahre, und wenn etwas von der eigenen Nation

---

25 Graf Hermann von Keyserling (1880-1946), Philosoph und Schriftsteller. Zur Verbreitung seiner Lehre gründete er 1920 die «Schule der Weisheit» in Darmstadt. Zur Anthroposophie Rudolf Steiners nimmt er Stellung u. a. in seinem Werk: *Philosophie als Kunst* (Darmstadt 1920), Kap. 14. «Für und wider die Theosophie», S. 223-256. Zu seinem Verständnis der Geisteswissenschaft sei Folgendes aus S. 250 zitiert: «Wenn Steiner lehrt, Hellsehen könnten nur wenige, aber die Wahrheit des von Hellsehern Mitgeteilten einsehen beinahe alle, so ist nicht allein dieses grundsätzlich richtig: man kann auf die gleichen Wahrheiten, sofern sie Geistiges betreffen, kommen, ohne Seher zu sein. Tut man dies aber, so erfaßt man sie tiefer, da man sie innerlich ergreift, nicht bloß aus äußerlich Geschautem ableitet.»

gekommen ist, so war es das Wahre. Es klingt heute noch nach, es ist heute schon in die Denkgewohnheiten hineingegangen. Dagegen eine wirkliche, unbefangene Hingabe an das, was die Wahrheit ist, sie führt zu einer Vergeistigung. Aber das ist den Menschen heute egal.

Bevor sich nicht eine genügend große Anzahl von Menschen findet, die mit dem ganzen Herzen für das eintreten wollen, was geistige Substanz hat, kann nichts Heilsames aus dem heutigen Chaos herauskommen. Man glaube nur nicht, dass man mit der Galvanisierung des Alten weiter fortschreiten kann. Dieses Alte, es gründet «Weisheitsschulen» auf bloße Worte. Es hat die Universitätsphilosophie mit vielen Arthur Drews versehen, die überall vertreten sind, und die Menschheit will nicht Stellung nehmen. Bevor sie nicht Stellung nimmt, Stellung nimmt auf allen drei Gebieten des Lebens, auf geistigem, auf politischem und auf wirtschaftlichem Gebiet, kann kein Heil aus dem heutigen Chaos hervorgehen, sondern es muss immer tiefer hinuntergehen.

Davon werden wir nächsten Freitag um 8 Uhr weiterreden, wo der nächste Vortrag sein wird. Samstag und Sonntag wird je um halb 6 eine eurythmische Vorstellung sein und um 8 Uhr etwa der Vortrag.

Auszüge aus den Vorträgen
29.-31. Oktober 1920

Dornach, 29. Oktober 1920

Als Erkenntnis empfand man es, wenn man aus den Naturerscheinungen, aus dem Naturwesen heraus empfand, wahrnahm, wie geistig-elementare Wesenheit durch die einzelnen Erscheinungen der Natur wirkt, wie die göttlich-geistige Wesenheit durch die Totalität der Natur wirkt. Das empfand man als Erkenntnis, wenn Götter sprachen durch die Naturerscheinungen, wenn Götter sprachen durch die Wandlungen der Gestirne, im Erscheinen der Gestirne. Das verstand man unter Erkenntnis.

In dem Augenblick, in dem die Menschheit darauf verzichtete, aus den Erscheinungen der Welt das Geistige zu vernehmen, kam auch der Erkenntnisbegriff in einen Niedergang hinein. Und ein Abnehmen der Erkenntnisintensität müssen wir für den neuesten Zeitraum der Menschheitsentwicklung verzeichnen.

Was ist da notwendig geworden? Was ist jetzt nur im kleinen Kreis anthroposophisch strebender Menschen vorhanden, was aber immer allgemeiner werden muss? Ja, zu den alten Menschen haben die Naturerscheinungen so gesprochen, dass sie ihnen Geistiges geoffenbart haben. Aus jeder Quelle, aus jeder Wolke, aus jeder Pflanze hat Geistiges gesprochen. Die Menschen haben dadurch, dass sie die Naturerscheinungen und Naturwesen in ihrer Art kennenlernten, sie haben dadurch das Geistige kennengelernt.

Das ist jetzt nicht mehr der Fall. Der Zustand des Intellektualismus ist aber nur ein Zwischenzustand, denn dieser Intellektualismus, was hat er als seine tiefste Eigentümlichkeit? Das hat er, dass man mit ihm, mit der reinen Intellektualität, überhaupt nichts erkennen kann. Der Intellekt ist gar nicht zum Erkennen da. Das ist der größte Irrtum, dem sich der Mensch hingeben kann: dass der Intellekt zum Erkennen da sei.

Erkennen werden die Menschen erst wieder, wenn sie auf das eingehen, was der geisteswissenschaftlichen Forschung zugrunde liegt, zumindest das, was durch Imagination vermittelt wird. Erkennen werden die Menschen erst wieder, wenn sie sich sagen: In alten Zeiten haben aus den Naturerscheinungen geistig-göttliche Wesenheiten gesprochen; zu dem Intellekt sprechen sie nicht. Für die höhere, für die übersinnliche Erkenntnis werden nicht unmittelbar aus den Naturerscheinungen geistige Wesenheiten sprechen, denn die Natur wirkt als solche stumm, aber es werden zu dem Menschen Wesenheiten sprechen, die ihm zu Imaginationen werden, die ihn inspirieren werden, mit denen er intuitiv vereinigt wird, und die er wieder auf die Naturerscheinungen wird beziehen können.

So können wir sagen: In alten Zeiten ist dem Menschen durch die Natur das Geistige erschienen. In unserem

Zwischenzustand hat der Mensch den Intellekt, die Natur bleibt geistlos. Der Mensch wird sich aber zu einem Zustand hinaufschwingen, wo er wieder erkennen kann, wo ihm die Natur nicht mehr vom Göttlich-Geistigen sprechen wird, wo er aber das Göttlich-Geistige in übersinnlicher Erkenntnis ergreifen wird, und dieses Geistige wiederum auf die Natur wird beziehen können.

Aber jetzt stehen wir wieder an einer Wende. Jetzt tritt in die Menschheit die Notwendigkeit herein, auch dieses Dialektisch-Juristische genauer ins Auge zu fassen. Denn ganz verstrickt ist mit diesem Zustand, der herausgekommen ist durch das Dialektisch-Juristische, ganz verstrickt damit ist das Wirtschaftliche, das wirtschaftliche Element, das vom Westen aus mit Hilfe der Technik die Welt erobert hat. Das Wirtschaftliche bildete ein untergeordnetes Element in den alten Kulturen, die ganz theokratisch waren, ganz gott- und geistdurchdrungen waren. Da tat der Mensch im Wirtschaftsleben das, was sich von selbst ergab nach der Stellung und Würde, da ihn die Götter durch die Aussprüche der Mysterienweisen hineingestellt hatten.

Wie eingefasst in die Fäden des dialektisch-juristischen Lebens wurde dann das Wirtschaftsleben, das auch wieder primitiv anfing. Denn als das Mittelalter, das sogenannte Mittelalter begann, hatten vor allem die Römer kein Geld mehr gehabt. Die Geldwirtschaft verlor sich allmählich, und in Europa breitete sich das, was als dialektisch-juristische Kultur sich ausbreitete, im Grunde genommen unter einer Art Naturalwirtschaft aus. Die ersten Jahrhunderte, der erste Teil des Mittelalters war geldarm. Daher kamen all die Formen des Heereswesens herauf, die notwendig waren, weil man den Truppen kein Geld bezahlen konnte. Die Römer hatten ihre Truppen mit Geld entlohnt. Im Mittelalter bildete sich das Lehenwesen aus. Ein besonderer Soldatenstand bildete sich aus.

Das alles, weil der an die Scholle selbst gebundene Mensch unter dem Einfluss der Naturalwirtschaft keine weiten Kriegszüge unternehmen konnte. Also, in eine Art Naturalwirtschaft wuchs dieses Dialektisch-Juristische hinein, und erst als von Westen her die Technik dieses Wirtschaftsleben durchdrang, kam die neuere Zeit herauf. Dieses neuere Zivilisationsleben, dieses Zivilisationsleben, das jetzt so brüchig wird, es ist im 5. nachatlantischen Zeitraum durch die Technik entstanden.

Ich habe das schon in der verschiedensten Weise ausgeführt. Ich habe ausgeführt, wie der äußeren Zählung nach auf unserer Erde am Ende des 19. Jahrhunderts 1400 Millionen Menschen wohnten, dass aber eigentlich so viel Arbeit verrichtet wurde, als ob 2000 Millionen Menschen da wohnten. Das ist aus dem Grund, weil ungeheuer viel Arbeit von Maschinen verrichtet wird. Die Maschinentechnik mit ihrer kolossalen Umgestaltung des Wirtschaftslebens, auch mit ihrer kolossalen Umgestaltung des sozialen Lebens, ist heraufgezogen.

Weil das intellektuelle Leben noch alles überflutet, ist noch nicht das gekommen, meine lieben Freunde, was gerade die maschinelle Wirtschaftstechnik in die moderne Zivilisation hineintragen muss. [...]

Das maschinelle Zeitalter ist heraufgezogen. Die Maschinen zeigen, dass mit ihnen Menschenkraft erspart worden ist. Es müssten 600 Millionen Menschen das leisten, was die Maschinen leisten, wenn es durch Menschen geleistet werden sollte auf der Erde. Diese maschinelle Arbeit ist in der abendländischen Zivilisation geschehen. Es ist in der abendländischen Zivilisation heraufgekommen, hat sich erst ganz spät nach dem Orient hingezogen, und ist da nicht in derselben Weise eingewöhnt, wie es in der abendländischen Zivilisation eingewöhnt ist. Aber das ist eine Übergangszeit. [...]

Der Mensch schuf zu der Natur hinzu die Maschinen, allerlei Maschinen. Diese sieht der Mensch zunächst in aller Abstraktion an. Er wirtschaftet mit ihnen in aller Abstraktion. Er hat seine Mathematik, er hat seine Geometrie, seine Mechanik. Er konstruiert damit seine Maschinen und sieht sie in aller Abstraktion an. Aber er wird sehr bald eine Entdeckung machen. So sonderbar es dem heutigen Menschen noch erscheinen mag, dass diese Entdeckung gemacht wird, der Mensch wird diese Entdeckung machen.

Er wird die Entdeckung machen, dass bei all dem Maschinellen, das er dem Wirtschaftsleben einverleibt, die Geister wieder wirken werden, die er früher in der Natur wahrgenommen hat. In seinen technischen Wirtschaftsmaschinen, in seinen Mechanismen wird er wahrnehmen: Er hat sie fabriziert, er hat sie gemacht, aber sie gewinnen nach und nach ein eigenes Leben, zunächst ein Leben, das er noch ableugnen kann, weil es sich im Wirtschaftlichen erst kundgibt. Aber er wird immer mehr bemerken durch das, was er da schafft, selbst schafft, dass das ein eigenes Leben gewinnt, wie er das nicht mehr mit dem Intellekt erfassen kann, obwohl er es aus dem Intellekt heraus geschaffen hat.

Vielleicht kann man sich heute noch keine gute Vorstellung davon machen, aber es wird so sein. Die Menschen werden entdecken, dass ihre Wirtschaftsobjekte Träger von Dämonen werden.

Man will den Intellekt im Wirtschaftsleben verkörpern. Würde man es eine Zeitlang können – dieses erste Experiment wird gar nicht gehen, aber nehmen wir an, man könnte es –, dann würde einem das Wirtschaftsleben über den Kopf wachsen, dann würde das Wirtschaftsleben überall zerstörerische, dämonische Kräfte aus sich hervorbringen. Es würde nicht gehen, weil der Intellekt das nicht handhaben kann, was seelisch überall an wirtschaftlichen Forderungen hervordringen würde.

So wie der alte Mensch auf die Natur, auf die Naturerscheinungen hingesehen hat und in ihnen Dämonisches gesehen hat, so muss der neuere Mensch lernen, Dämonisches in dem zu sehen, was er selbst im Wirtschaftsleben hervorbringt.

Vorläufig sind diese Dämonen, die die Leute nicht in die Maschinen abgeleitet haben, noch in die Menschen gefahren und machen sich zerstörerisch in sozialen Revolutionen geltend. Nichts anderes sind diese zerstörerischen sozialen Revolutionen als das Ergebnis der Nichtanerkennung des Dämonischen in unserem Wirtschaftsleben. Elementarische Geistigkeit muss im Wirtschaftsleben gesucht werden, wie in alten Zeiten in der Natur elementarische Geistigkeit gesucht worden ist.

Das bloße intellektuelle Leben ist nur ein Zwischenzustand, der für die Natur und für das, was der Mensch hervorbringt, keine Bedeutung hat, sondern es hat eine Bedeutung nur für den Menschen selbst. Die Menschen haben den Intellekt ausgebildet, damit sie frei werden können. Die Menschen mussten gerade eine Fähigkeit ausbilden, die nichts zu tun hat weder mit der Natur noch mit der Maschine, sondern die nur mit dem Menschen selbst zu tun hat. Wenn der Mensch Fähigkeiten ausbildet, die zu der Natur in einem Verhältnis stehen, ist er nicht frei. Will er ins Wirtschaftsleben fliehen, so ist er auch nicht frei, denn die Maschinen überwältigen ihn.

Wenn er aber Fähigkeiten ausbildet, die weder mit der Erkenntnis der Natur noch mit dem praktischen Leben etwas zu tun haben, wie der reine Intellekt, kann er sich die Freiheit anerziehen. Gerade durch eine ohne Beziehung zur Welt stehende Fähigkeit, wie der Intellekt es ist, konnte die Freiheit heraufkommen. Aber zu diesem Intellekt muss, damit der Mensch nicht von der Natur abreißt, damit der Mensch wieder in die Natur hineinwirken kann, muss wiederum die Imagination hinzukommen, muss all das hinzukommen, was geisteswissenschaftliche Forschung findet.

Jetzt ragt herein das andere, das dämonisch werdende Wirtschaftsleben. Jetzt muss auch wieder der Mensch in seinem geistig-seelischen Kern erkannt werden. Man wird ebenso, wie man hinsehen wird auf das Dämonische des Wirtschaftslebens, man wird anfangen müssen auf das hinzusehen, was der Mensch durch die wiederholten Erdenleben trägt. Man wird auf das hinzusehen haben, womit er in dieses Leben hereinkommt. Das wird man in dem geistigen Teil des sozialen Organismus zu lösen haben. [...]

Wenn man aber den Menschen in das assoziative Leben hineinstellen soll, sodass er darin tüchtig ist, dann muss man das Folgende berücksichtigen, dann muss man sich klar sein: [...] Es muss dasjenige erkannt werden, was mit dem 14., 15. Jahr herauskommt als astralischer Leib, und was in

Betracht kommt, wenn der eigentliche geistig-seelische Wesenskern des Menschen ihn an den Platz hinstellen soll, an dem er stehen soll. Da wird der Erziehungsfaktor ein besonderer sozialer Faktor.

Da handelt es sich darum, dass aus der Erkenntnis des Kindes, das man heranzieht, sich ergibt: Der taugt für das, der taugt für jenes. Das zeigt sich nicht eher klar als gerade in dem Moment, wo das Kind aus der Volksschule entlassen wird. Es wird zur künstlerischen Pädagogik und Didaktik gehören, die Entscheidung zu treffen: Der eine ist zu dem, der andere ist zu jenem geeignet. Danach werden die Entscheidungen getroffen, die in den *Kernpunkten der sozialen Frage* für die Zirkulation des Kapitals, das heißt der Produktionsmittel gefordert werden.

Eine ganz neue Anschauung muss heraufkommen, die erstens das Wirtschaftsleben in seiner inneren Lebendigkeit durchschaut und die auf der anderen Seite weiß, welche Rolle das Geistesleben spielen muss, wie das Geistesleben das Wirtschaftsleben konfigurieren muss. Das kann nur sein, wenn das Geistesleben selbstständig ist, wenn das Wirtschaftsleben ihm nicht irgendetwas aufdrängt.

Gerade wenn man innerlich erfasst den ganzen Gang der Menschheitsentwicklung, meine lieben Freunde, dann erkennt man, wie diese Menschheitsentwicklung die Dreigliederung des sozialen Organismus fordert.

Meine lieben Freunde! Was erkannt werden muss – was ist es denn? Das Erste ist, dass zu einem wirklichen Wissen vom Geist hingesteuert werden muss. Jenes allgemeine Reden vom Geist in abstrakten Worten, wie es heute die offiziellen Philosophen und andere Kreise beherrscht, und wie es auch populär geworden ist, das wird für die Zukunft nicht taugen.

Die geistige Welt ist anders als die physische Welt. Daher kann man nicht durch Abstraktion aus der physischen Welt etwas über die geistige Welt gewinnen, sondern man muss durch unmittelbare Geistesforschung Anschauungen über die geistige Welt gewinnen. Die erscheinen dann als etwas ganz anderes als das, was der Mensch wissen kann, wenn er nur von der physischen Welt weiß.

Die Menschen, die aus Bequemlichkeit nur von der physischen Welt wissen wollen, die mögen es fantastisch nennen, wenn man von der Mondzeit, von der Sonnenzeit und der Saturnzeit spricht. Sie finden, da äußert man Ideen, wenn man von diesen vorhergehenden Verkörperungen der Erde spricht, die an nichts bei ihnen anschlagen. Da beschreibt man Dinge, von denen sie keinen Dunst haben. Es ist nur natürlich, dass sie keinen Dunst haben, denn sie wollen von der geistigen Welt nichts wissen. Nun wird ihnen von der geistigen Welt erzählt, und da finden sie: Ja, es stimmt mit nichts überein, was wir schon wissen!

Darauf kommt es gerade an, dass Welten gefunden werden, die mit nichts übereinstimmen, was man schon weiß.

Jeder Philosophieprofessor urteilt ungefähr so wie der Arthur Drews über Geisteswissenschaft: Das stimmt mit nichts von dem überein, was er sich bisher vorgestellt hat. [...]

Aber es würde etwas unvollständig getan werden, und es würde nicht unserer zugrunde gehenden Zivilisation aufgeholfen werden, wenn nicht ein elementares Wollen auch in das Gebiet, das man das Gebiet des praktischen Wirtschaftslebens nennt, wenn nicht auch in dieses Gebiet ein intensives Wollen hineinkommen würde. Das ist notwendig, dass die alten Usancen, die alten Gewohnheiten verlassen werden, und dass auch da das unmittelbare Leben mit der Geistigkeit durchdrungen wird.

Das ist etwas, was als eine Blüte der anthroposophischen Bewegung kommen muss, dass mithilfe jener Seelengesinnung, die aus der Geisteswissenschaft hervorgeht, ein Durchschauen des praktischen Lebens hineingetragen wird, namentlich des praktischen Wirtschaftslebens, dass das hineingetragen wird und gezeigt wird, dass, wenn man in dieses Wirtschaftsleben das Bewusstsein hineinträgt, man etwas Lebendiges schafft, dass da der Niedergang abgewendet wird.

Meine lieben Freunde, man sollte jeden Tag aufs Neue auf die krass hervortretenden Zeichen unseres niedergehenden Wirtschaftslebens hinblicken. Galvanisieren lässt sich dieses alte Wirtschaftsleben nicht. Es lässt sich die Menschheit nur durch Schaffen neuer Wirtschaftszentren weiterbringen.

Wie heute niemand stolz sein kann auf das, was er aus der herkömmlichen Wissenschaft heraus gewinnt, denn das würde die Menschheit in die von Oswald Spengler prophezeite Zukunft hineinbringen, so kann auch niemand auf das stolz sein, was er aus dem alten Wirtschaftsleben heraus an einer diesem Wirtschaftsleben entsprechenden Tüchtigkeit gewinnen kann. Niemand kann heute stolz darauf sein, ein Physiker, ein Mathematiker, ein Biologe im herkömmlichen Sinne zu sein, aber niemand kann auch stolz sein, ein Kaufmann oder ein Industrieller im alten Sinne zu sein.

Aber dieser alte Sinn ist heute einzig und allein da. Wir sehen heute noch nirgends etwas aufgehen, was schon wahrhaftige Assoziationen darstellen würde. Das wäre notwendig, meine lieben Freunde, dass, wenn wir wieder als eine zweite Veranstaltung dieses Goetheanums hier so etwas hätten, wie dieser Kurs jetzt gewesen ist, dass dann etwas besprochen wird, was konkret ergriffen werden kann, was aus dem praktischen Leben heraus selbst konkret gestaltet werden kann, was als neben den Wissenschaften stehend unmittelbar ergriffen werden kann. Nicht durch das, was bloß die eine Strömung enthält, kommen wir weiter, sondern einzig und allein kommen wir weiter, wenn sich auch diese andere Seite des Lebens zeigt.

Das ist dasjenige, meine lieben Freunde, was heute das besonders charakteristische Kennzeichen unserer Menschheitsentwicklung ist. Auf der einen Seite verketzern einen die Träger, die traditionellen Träger des alten Geisteslebens, sie verleumden einen, wenn man aus der modernen Wissenschaftlichkeit heraus eine Durchgeistigung anstrebt. Sie tun es heute ganz bewusst, weil sie kein Interesse für den Fortgang der Menschheitsentwicklung haben, weil sie nur daran denken, diese Menschheitsentwicklung zurückzuhalten. [...] Aber sie tun es, und sie werden es noch viel mehr tun, denn sie werden mit ganz großen Verleumdungen aufrücken. Da sieht man das, um was es sich handelt, in Form von Verleumdungen auftreten, in Form des Unwahren.

Auf der anderen Seite ist heute noch ein starker Widerstand zu bemerken, der aber im Grunde im Unbewussten spielt. Und das ist ein schmerzliches Erlebnis, meine lieben Freunde, weil auf diesem Gebiet von einer internen Opposition zu sprechen ist, die gegen das gerichtet ist, was in Richtung des geisteswissenschaftlichen Strebens liegen muss. Es wird sich darum handeln, dass auf diesem Gebiet gelernt werden muss ein volles Mitgehen mit dem, was Geisteswissenschaft wollen muss. Denn die Beurteilung dessen, was aus dem Geisteswissenschaftlichen heraus gewollt werden muss, die Beurteilung nach dem bisher üblichen Subjektiven, das wäre auf diesem Gebiet genau dasselbe, was die Pfarrer und die anderen tun, indem sie Geisteswissenschaft verketzern.

Das ist dasjenige, was unsere anthroposophische Bewegung schwierig macht, meine lieben Freunde, dass gerade auf diesem Gebiet deutlich bemerkbar ist eine Art interner Opposition. Gerade auf diesem Gebiet zeigt sich das am klarsten, was gewisse Anschuldigungen beleuchtet, die von mancher Seite kommen. Da wird gesagt: In dieser Anthroposophischen Gesellschaft, da sprechen alle nur dem Einen nach – und in Wirklichkeit sprechen sie gar nicht mir nach, sondern von dem, was jeder selbst macht, davon sagt er, dass der Eine das möchte, dass ich das möchte. Das haben wir vielfach erfahren, nicht wahr. Was einer gerade macht, davon sagt er sehr häufig, dass ich es ihm gesagt habe, auch wenn er das Gegenteil davon von mir gehört hat.

Dornach, den 30. Oktober 1920

Diese neuere Menschheit ahnt gar nicht, dass sie ganz und gar unter dem Prinzip der Autorität lebt, dass sie aber fortwährend sich selbst ableugnet, dass sie unter diesem Prinzip der Autorität lebt. Es gibt kaum eine stärkere Ausprägung des Autoritätsglaubens, als das bei all denen der Fall ist, die die heutige offizielle Wissenschaft als das Maßgebende für die Welt annehmen. Die Leute erklären sich befriedigt, wenn sie gesagt bekommen, irgend etwas sei «wissenschaftlich festgestellt». Sie wissen gar nichts anderes über dieses wissenschaftlich Festgestellte, als dass es von einem Menschen gesagt wurde, der sein Gymnasium, sein Universitätsstudium durchgemacht hat, der Privatdozent geworden ist, Universitätsprofessor geworden ist, der also wiederum durch eine Autorität eingesetzt worden ist. Das wird dann verbreitet. Dann ist das, was auf diese Weise unter die Menschen kommt, «sichere Wissenschaft».

Versuchen Sie einmal das zusammenzuhalten, wovon die Menschen heute annehmen, es sei festgestellte sichere Wissenschaft. Es beruht letzten Endes – man täuscht sich nur darüber, man gibt sich nur Illusionen darüber hin –, es beruht letzten Endes auf nichts anderem als auf einem Autoritätsprinzip. Es ist reinster Autoritätsglaube. Das ist der Autoritätsglaube, der heraufgekommen ist, indem er die andere Art ersetzt hat, auf die soziale Struktur zu wirken, die noch vom Orientalischen herstammte. [...] Und dieses Fortleben des römischen Autoritätsprinzips, ohne dass man an Rom, an die römische Autorität selbst glaubt, das ist die Seelenverfassung des heutigen Universitätslebens. [...]

Wir leben aber zugleich in einer Zeit, in der sich wieder ein Schauen vorbereitet. Geisteswissenschaft will nur das sein, was auf dieses Schauen vorbereitet, das die Menschheit wieder ergreifen muss. Nicht das alte instinktive Schauen, sondern ein Schauen, das auf volles Bewusstsein gebaut ist. Theologie-Professoren und andere kämpfen gegen dieses Schauen. Sie verwechseln es mit dem alten gnostischen Schauen, sie reden allerlei Dinge, die sie selbst nicht verstehen, gegen dieses moderne Schauen. Aber dieses moderne Schauen zieht herauf als eine Notwendigkeit, von der die Menschheit ergriffen werden muss. Und in dieses Schauen hinein kann wieder ein Erfassen des Mysteriums von Golgota leuchten.

Offenbarung lebt, wenn auch ganz dekadent, heute noch immer in Asien drüben. Da ist noch Sinn für Offenbarung vorhanden. Das intellektualistische Element, das rein dialektische Element, ist das westliche Element – heute nur für das Wirtschaftsleben ausgebildet. Zwischen diesen beiden Elementen – zwischen dem ganz auf das Irdisch-Wirtschaftliche beschränkten westlichen Intellektualismus, zwischen der menschlichen Vernünftigkeit, die sich nur mit der äußeren Erfahrung beschäftigen will, und der orientalischen Offenbarung –, zwischen diesen beiden Elementen war immer das mitteleuropäische Element eingeklemmt.

Und immer drohender zogen sich die Wolken zusammen, indem nur eine Art äußerer Ausgleich zwischen Offenbarung und Vernünftigkeit vorhanden war. Was bei den Scholastikern des Mittelalters versucht wurde auseinanderzuhalten, vernünftiges Begreifen der äußeren Sinnenwelt und Glauben an die übersinnliche Offenbarung, das schlug immer mehr ineinander, indem die neuere Zeit heraufzog. Wir sehen dieses Ineinanderschlagen insbesondere in der ersten Hälfte des 19. Jahrhunderts, wo die intellektualistische mitteleuropäische Philosophie geboren wird. Wir sehen dann, wie in der zweiten Hälfte des 19. Jahrhunderts das Westlertum übergreift, wie ganz Europa bis nach Russland hinein anglisiert wird.

Wir sehen, dass das Zermalmtsein, das Auf-dem-Boden-Liegen des Mitteleuropäischen in der Gegenwart sich wie das äußere Zeichen für einen tief inneren Vorgang ausnimmt, den die Menschheit gegenwärtig nur noch nicht begreifen will. All das, was da zwischen Ost und West eingeklemmt ist, liegt auf dem Boden, ist zermalmt, weiß überhaupt nicht, was es mit sich anfangen soll. Es lebt in Konvulsionen, es redet von allerlei, wodurch man weiterkommen soll, es redet aber im Grunde genommen von lauter Nullitäten. Bis in die Einzelheiten drückt sich das aus.

Ein ungeheures Unvermögen des Wirtschaftens mit den alten Verhältnissen zeigt sich. Was tut man? Entweder man presst aus dem Alten durch eine furchtbare Steuerschraube das heraus, was noch drin ist, oder man füllt das, was fehlt, durch Drucken von wertlosen Noten an, indem man in einer Woche Milliarden von Noten druckt. Und wenn es vielleicht auch nur ein Symbol ist, einzelnen Leuten steht vor der Seele diese Nullität der Mitte, zwischen dem dekadenten Halten an der Offenbarung im Osten, und dem nur noch im Wirtschaftlichen steckenden Vernünftigsein des Westens.

Man redet von einer Zukunftsperspektive, als ob das Mittlere gar nicht da wäre, man redet von dem großen Kampf, der zwischen Japan und Amerika in Aussicht steht. Das stellen sich die Leute natürlich bloß physisch vor, es bedeutet aber etwas ungeheuer Tiefes. Und wenn das, was im Osten als ein Dekadentes real ist, und was im Westen noch nicht geboren ist, wenn das mit Ignorierung der Mitte aufeinanderstößt – dann versinkt das Ich-Gefühl, das in der Mitte zum Ausdruck gekommen ist, in jenem Chaos, das vom Osten und vom Westen durch das Zerquetschen der Mitte entsteht.

Das Denken über das Ich, es ist mit der mitteleuropäischen idealistischen Philosophie verschwunden. Es ist seit der Mitte des 19. Jahrhunderts nicht mehr da. Auch das, was man da aus den Konvulsionen heraus als Staatsgebilde hat schaffen wollen, es liegt heute am Boden. [...] So wird etwas in die vollständigste Enge des Bewusstseins hineingetrieben. Das, was einmal eine solche idealistische Höhe, solche Ideen hervorgebracht hat, wie man sie bei Goethe und Fichte, bei Schelling und Hegel findet, das ist nicht mehr da, das ist im öffentlichen Leben nicht mehr da.

Und wenn es sich geltend machen will, wie hier am Goetheanum, so verleumdet man es. Es tritt überall verleumderisches Lumpentum auf, um es als etwas hinzustellen, wovon man vorgibt, dass man es versteht, und dass man es verurteilen muss. In die Nullität hinein entwickelt sich das, was vor einem Jahrhundert noch leuchtendes Geistesleben war. Und darüber ballen sich zusammen die Wolken aus dem Osten und aus dem Westen.

Und was bedeutet das, was in den nächsten Jahrzehnten in der furchtbarsten Weise zum Ausdruck kommen muss, meine lieben Freunde, was bedeutet das? Es ist auf der einen Seite die Aufforderung, fest auf dem Boden zu stehen, der das neue Geistesleben gebären will, und es ist auf der anderen Seite das Wetterleuchten dessen, von dem seit längerer Zeit unter uns gesprochen wird, das Herannahen des Christus in der Form, in der er im 20. Jahrhundert wird geschaut werden müssen. Denn ehe dieses Jahrhunderts Mitte verflossen sein wird, wird der Christus geschaut werden müssen. Aber vorher muss all das, was ein Rest des Alten ist, in die Nullität hineingetrieben werden, es müssen sich die Wolken zusammenballen. Der Mensch muss seine volle Freiheit aus der Nullität heraus finden. Das neue Schauen muss sich aus dieser Nullität heraus gebären. Der Mensch muss seine ganze Kraft aus dem Nichts heraus finden. Nur ihn dazu vorbereiten möchte die Geisteswissenschaft. Man kann nicht sagen, dass es das ist, was sie will, sondern es ist das, was sie wollen muss.

Das muss als bevorstehend betrachtet werden, was ich wenigstens mit einigen Strichen charakterisiert habe als den großen Geisteskampf des Ostens mit dem Westen, des Westens mit dem Osten, in dem das eingekeilt sein wird, was wir jetzt schon durch Wochen kennengelernt haben als die Kultur der europäischen Mitte.

Gerade aus dem heraus, was sich als die moderne, auf Naturwissenschaft gebaute Weltanschauung in der letzten Zeit betätigt hat, gerade aus dem – so sonderbar das klingt, es muss gesagt werden –, gerade aus dem wird das intensivste Bedürfnis nach dem entstehen, was ich bezeichnet habe als das Christus-Erlebnis, das bevorsteht. [...] Eine klar zu umschreibende Beziehung zu der auf moderne Naturwissenschaft gebauten Weltanschauung wird dieses Erlebnis haben. [...]

Man sollte nur einmal verfolgen, mit welcher Raschheit in den letzten Jahrzehnten die gebräuchlichen Vorstellungen der Wissenschaft, die sich im 19. Jahrhundert ausgebildet haben, bis in die ungebildetsten Menschenklassen hinunter alle Seelen ergriffen haben. Manche Menschen halten sich noch im Zustand einer gewissen Frömmigkeit, die nichts wissen will von dem, was durch die modernen naturwissenschaftlichen Vorstellungen in die Menschheit eindringt.

Aber in dieser Frömmigkeit ist eine ungeheure Unwahrhaftigkeit verankert, ein Nicht-sehen-Wollen dessen, was sich ausbreitet, was man nicht anders bezeichnen kann als den durch die Naturwissenschaft hervorgerufenen Materialismus der neueren Menschheit.

Die Ausbreitung dieses Materialismus, sie wird in den nächsten Zeiten nicht eine Zurückdämmung erfahren, wie einzelne Illusionäre glauben, sondern im Gegenteil: Die Ausbreitung dieses populär-wissenschaftlichen Materialismus wird mit rasanter Eile zunehmen. Man wird sehen, dass aus dem Chaos der modernen Zivilisation heraus diese materialistische Stimmung immer mehr zunehmen wird.

Und aus dieser materialistischen Stimmung heraus können sich, wenn die Sache genügend vorbereitet wird, wenn Geisteswissenschaft mit dem, was sie will, durchdringt, wenn also eine Anregung zu einer sachgemäßen Entwicklung schon den Kindern in der Schule gegeben wird, dann können sich aus diesem Chaos heraus einzelne Seelen entwickeln, die eines besonders stark empfinden werden, das ich jetzt charakterisieren will, obwohl diese Charakteristik in der verschiedensten Weise auch schon bei anderen Gelegenheiten gegeben worden ist.

Wenn derjenige, der die moderne naturwissenschaftliche Weltanschauung kennt, diese naturwissenschaftliche Weltanschauung mit wachen Seelenaugen verfolgt, muss er als das besonders Charakteristische in ihr finden, dass sie außerstande ist, den Menschen zu begreifen. Der Mensch als solcher fällt aus dieser modernen naturwissenschaftlichen Weltanschauung ganz heraus. [...]

Man braucht nur einiges Charakteristische aus diesen Wissenschaften herauszugreifen. Da haben wir zum Beispiel die gebräuchliche Darwin'sche, Weismann'sche[26] oder wie immer gefärbte Entwicklungslehre. Sie zeigt die Entwicklung der Lebewesen von dem unvollkommensten bis zu den vollkommensten, und sie begründet die Ansicht, dass auch der Mensch aus dieser Entwicklungsströmung hervorgegangen sei. Aber sie betrachtet vom Menschen nur so viel, als am Menschen Tierisches ist. Sie betrachtet den Menschen überall nur so weit, als sie sagen kann: Irgendein Glied, irgendeine Ausbildung am Menschen geht aus diesem Glied, aus dieser Ausbildung der Tierströmung hervor.

Inwiefern das Tierische am Menschen verändert ist, verändert auftritt, inwiefern beim Menschen etwas anderes ist als beim Tier, das betrachtet diese Wissenschaft nicht. Den Menschen selbst ins Auge zu fassen, das ist dieser Wissenschaft abhanden gekommen. Der Mensch fällt aus dieser Wissenschaft ganz heraus.

Diese Wissenschaft hat eine gewissenhafte Methode entwickelt, sie hat eine gewissenhafte Disziplin begründet, die notwendig ist, wenn man heute mitreden will in Fragen der

---

26 August Weismann (1834-1914), Begründer des Neodarwinismus. vgl. u. a.: *Studien zur Descendenz-Theorie* (Leipzig 1875).

Weltanschauung. Aber es ist diese Wissenschaft nicht imstande, das menschliche Begreifen zu dem zu erheben, was den Menschen selbst begreifbar macht. Der Mensch fällt aus dem heraus, was heute wissenschaftliches Begreifen ist, sodass der Mensch immer mehr sich selbst als ein Rätsel gegenübertreten muss.

Das empfinden heute noch die wenigsten, und diejenigen, die es empfinden, können es sich nicht theoretisch klarmachen. Es ist noch nicht ein einheitliches, ein gemeinsames Gefühl vorhanden, aber aus richtig geleiteten Volksschulen wird dieses Gefühl mit aller Lebendigkeit hervorgehen. Es werden aus richtig geleiteten Volksschulen die Kinder so hervorgehen, dass sie schon im Fühlen das haben: Ja, wir haben eine Wissenschaft, die uns die moderne Intellektualität geboren hat. Aber je weiter wir gerade in diesem Wissen kommen, je mehr wir von der Natur lernen, desto weniger können wir von uns selbst, desto weniger können wir vom Menschen selbst begreifen!

Dieser Intellekt, der die hauptsächlichste sich entwickelnde Seelenkraft der letzten Jahrhunderte war, und der es auch heute noch ist, dieser Intellekt höhlt den Menschen in Bezug auf seine Selbstempfindung, in Bezug auf sein Selbstgefühl ganz aus. Auf der anderen Seite steht die Forderung da, dass der Mensch sich ganz auf den Boden seiner eigenen Wesenheit stellen soll. Das tritt gerade als eine wesentliche soziale Forderung hervor.

Wir sehen neben dem, dass die Wissenschaft der neueren Zeit über den Menschen nichts sagen kann, wir sehen auf der anderen Seite überall die Forderung, die nicht wissenschaftlich-intellektualistisch auftritt, sondern die aus der Tiefe der Menscheninstinkte heraufkommt, wir sehen die Forderung: Der Mensch muss sich zu einem menschenwürdigen Dasein erheben, der Mensch muss fühlen können, was sein Wesen ist.

Wir sehen immer mehr diese praktische Forderung auftreten, und wir sehen auf der anderen Seite immer mehr das Unvermögen der Wissenschaft, dem Menschen über sein eigenes Wesen irgendetwas zu sagen. Solch eine Diskrepanz (Widerspruch) im menschlichen Erleben wäre in älteren Zeiten der Weltanschauungsentwicklung ganz unmöglich gewesen. [...]

Immer mehr lastet auf dem Menschen halb unbewusst das Gefühl von seinen vererbten Eigenschaften. Wer unbefangen heute auf das hinschaut, was die Menschen fühlen, der sieht: Der Mensch fühlt, dass das, was er ist, er es durch seine Eltern, Voreltern und so weiter ist. Er fühlt nicht wie der alte Mensch, dass das, was in ihm aufflammt von Kindheit an, aus jenen Tiefen herauskommt, in denen sich das verankert hat, was er aus seinen geistigen Erlebnissen vor dem Erdenleben mitbekommen hat, sondern er fühlt in sich die von den Eltern, Großeltern vererbten Eigenschaften.

Man fragt heute: Woher hat das Kind das, woher jenes? Und wenige Leute geben sich darauf die Antwort: Das hat das Kind von dem oder jenem Erlebnis in der geistigen Welt,

sondern die Leute forschen danach, ob das von der Groß-
mutter, vom Großvater und dergleichen herstammt. Aber je
mehr im einzelnen Menschen dies nicht als eine theoreti-
sche Ansicht, sondern als ein Gefühl auftritt, als ein Gefühl
der Abhängigkeit von bloß irdisch vererbten Eigenschaften,
je drückender wird dieses Gefühl, je furchtbarer wird nach
und nach dieses Gefühl.

Dieses Gefühl, es wird mit einer rasanten Eile an Stärke
zunehmen. Es wird sich bis zur Unerträglichkeit steigern in
den nächsten Jahrzehnten, denn dieses Gefühl ist mit einem
anderen Gefühl verbunden, mit dem Gefühl der Wertlosigkeit des menschlichen Daseins.

Das wird immer mehr auftreten, dass der Mensch die
Wertlosigkeit seines Daseins fühlt, wenn er dieses Dasein
als nichts anderes fühlen kann als eine Zusammenfassung
dessen, was seinem Blut, was seinen übrigen Organen aus
den physisch vererbten Eigenschaften heraus eingepflanzt
ist. Kein anderes Verständnis wird er über sein Wesen entwickelt haben als dieses, dass er es zurückführen muss auf
die physisch vererbten Eigenschaften. Heute ist das, was da
auftritt, noch bloße Theorie. Dichter haben es auch schon
als Erlebnis dargestellt. Aber es wird als Gefühl, es wird als
Empfindung auftreten, und dann wird es eine drückende Eigentümlichkeit des Fühlens in der zivilisierten Menschheit
sein. Es wird wie eine Last auf der Seele ruhen, dieses Sich-
erleben bloß in den vererbten Eigenschaften.

So tritt auf, was die Naturwissenschaft den Menschen nicht geben kann, das Verständnis des Menschen selbst, so tritt es auf als ein Mangel, indem der Mensch sich nicht als ein Kind der geistigen Welt fühlt, sondern lediglich als ein Kind der in dem irdischen, physischen Daseinslauf vererbbaren Eigenschaften. Mit aller Vehemenz tritt das im sozialen Leben auf. [...]

Nationaler Chauvinismus klingt durch die ganze zivilisierte Welt. Ja, meine lieben Freunde, das ist nur das soziale Gegenbild für jene urreaktionäre Weltanschauung, die alles auf die vererbten Eigenschaften zurückführen will. Wenn man nicht danach strebt, das Wesen des Menschen zu ergründen und die soziale Struktur so zu gestalten, dass dieses Wesen als Mensch zurechtkommt, sondern wenn man nur danach strebt, die soziale Struktur so zu gestalten, dass sie dem entspricht, was man als Tscheche, als Slowake, als Magyar, als Franzose, als Engländer, als Pole und so weiter ist, dann vergisst man alle Geistigkeit, dann schließt man alle Geistigkeit aus, dann will man die Welt bloß nach den blutsvererbten Eigenschaften ordnen. [...] Nichts zeigt deutlicher den Materialismus der Neuzeit, dieses Verleugnen alles Geistigen, als das Auftreten des Nationalprinzips.

Das ist selbstverständlich eine Wahrheit, die heute vielen Menschen unangenehm ist. Und das macht es wiederum, dass so viel Lüge auf dem Grund der Seele sich ablagern muss. Denn geht man nicht ehrlich darauf ein, dass

155

man den Geist ableugnet, wenn man eine Weltordnung nur auf die Blutsverwandtschaft begründen will, so lügt man, wenn man sagt, man ist irgendeiner geistigen Weltanschauung zugeneigt.

Und nun sehen wir uns den Gang der heutigen Weltentwicklung an. Das, was aus den chaotischen Instinkten der Menschheit herausquillt, das verleugnet überall den Geist. Machen wir uns einmal klar, was da vorliegt.

Der Mensch wächst schon jetzt in das Geistselbst[27] hinein (s. Tafelzeichnung S. 92, Kreis 5: «Geistselbst»), wie ich das öfter dargestellt habe. Der Mensch wächst in Bewusstseinszustände hinein, von denen er sich sagen muss, sie sind so, dass sie während der Erdenzeit nicht vollständig herauskommen können. Diese Bewusstseinszustände wollen ihn umgestalten auch in Bezug auf seine äußeren Hüllen, in Bezug auf Astralleib, Ätherleib und physischen Leib. Aber das kann er als Erdenmensch nicht.

Er muss sich sagen, dieser Mensch: Für den Rest der Erdentwicklung muss ich durch diese Erdentwicklung so durchgehen, dass ich überall empfinde: Ich bereite mich in meinem Inneren für die äußeren Zustände vor, die ich jetzt noch nicht entwickeln kann. Das muss die normale Entwicklung der Zukunft sein, dass der Mensch sich sagt: Ich sehe als Menschenwesen etwas an, was durch sein inneres Wesen

---

27 s. «Fachausdrücke» S. 183.

über das hinauswächst, was ich als Erdenmensch werden kann. Ich muss mich als Erdenmensch als Zwerg fühlen gegenüber dem, was der eigentliche Mensch ist.

Aus dem Unbefriedigtsein, das richtig erzogene Kinder schon in der allernächsten Zeit haben werden, wird gerade dieses Gefühl herauswachsen. Die Kinder werden empfinden: Mit aller intellektualistischen Bildung kommt man nicht dazu, das Rätsel des Menschen zu lösen. Der Mensch fällt aus dem sozialen Gestalten heraus durch das, was man intellektualistisch wissen kann.

Aus all dem, was unter den Wilson'schen Dummheitsformeln durch die Welt geht, und aus all dem, was sich unter dem Chauvinismus entwickeln wird, aus all dem werden lauter Unmöglichkeiten hervorgehen. Die moderne Zivilisation geht mit all diesen Dingen lauter Unmöglichkeiten entgegen. So viele nationale Reiche wir innerhalb der modernen Zivilisation aufrichten, so viele Zerstörungskeime liefern wir. Aus all dem, was sich auf den Seelen ablagert, wird jenes Gefühl hervorgehen, was ich jetzt wieder von einer anderen Seite geschildert habe.

Der Mensch wird sich sagen: Ja, aber des Menschen Wesen, das mir innerlich aufleuchtet, ist ein viel höheres als das, was ich da äußerlich verwirklichen kann. Ich muss etwas ganz anderes in die Welt hineintragen, ich muss etwas ganz anderes in die soziale Struktur hineintragen, etwas, was aus geistigen Höhen her erkannt wird. Ich kann mich nicht dem überlassen, was ich aus der Naturwissenschaft für die soziale Wissenschaft lernen kann.

Aber der Mensch muss den inneren Zwiespalt empfinden zwischen diesem zwerghaften Dasein auf der Erde und dem, was ihm als einem kosmischen Wesen aufleuchtet, als das er sich empfinden wird. Auf der einen Seite wird der Mensch empfinden: Aus all dem, was die moderne Bildung dem Menschen geben kann – diese heute so gepriesene, so angebetete Bildung –, aus all dem wird herauswachsen, dass er sich auf der einen Seite als Erdenmensch fühlt, und auf der anderen Seite, dass er sich sagt: Aber der Mensch ist mehr als ein Erdenwesen. Die Erde kann gar nicht den Menschen ausfüllen, sie muss, wenn sie ihn ausfüllen will, sich erst in andere Zustände verwandeln.

Der Mensch ist kein Erdenwesen, der Mensch ist ein kosmisches Wesen in Wirklichkeit, ein Wesen, das dem ganzen Weltall angehört. Auf der einen Seite wird der Mensch erdgebunden sein, auf der anderen Seite wird er sich als ein kosmisches Wesen fühlen. Dieses Gefühl wird sich in ihm ablagern.

Wenn das einmal nicht mehr nur Theorie ist, sondern gefühlt wird von Einzelnen, die durch ihr Karma aus dem herauswachsen, was heute triviales Gefühl ist, wenn Menschen sich angeekelt fühlen durch das Fühlen der bloß vererbten Eigenschaften, durch das Fühlen des Chauvinismus, wird es zu einer Umkehr kommen. Nur dann wird eine Art Umkehr eintreten.

Der Mensch wird sich als kosmisches Wesen fühlen. Er wird wie mit ausgestreckten Armen nach einer Enträtselung seines kosmischen Wesens verlangen. Das ist das, was in den nächsten Jahrzehnten kommt, dass der Mensch wie – ich meine das jetzt natürlich symbolisch –, wie mit ausgestreckten Armen fragt: Wer enträtselt mir mein Wesen als ein kosmisches Wesen? Alles, was ich auf der Erde ergründen kann, was mir die Erde geben kann, alles, was ich aus der modernen Wissenschaft, die heute so geschätzt wird, entnehmen kann, all das enträtselt mich nur als Erdenwesen. Es lässt mir gerade das eigentliche Wesen des Menschen als ein ungelöstes Rätsel erscheinen. Ich weiß, ich bin ein kosmisches, ich bin ein überirdisches Wesen. Wer enträtselt mir mein überirdisches Wesen?

Als eine Grundempfindung wird diese Frage in den Seelen leben. Wichtiger als alle anderen Empfindungen, die in den nächsten Jahrzehnten, noch bevor sich das Jahrhundert seiner Hälfte nähert, wichtiger als alle anderen Empfindungen, die auftreten können, wird diese Empfindung sein. Und aus der Erwartung, aus dem Verlangen, dass etwas da sein muss, was dieses menschliche Rätsel löst, dieses Rätsel, dass der Mensch ein kosmisches Wesen ist – aus diesem Gestimmtsein dem Kosmos gegenüber: Es muss sich aus dem Kosmos heraus das enthüllen, was nicht von der Erde kommen kann –, aus dem heraus wird jene Stimmung entstehen, der der Kosmos entgegenkommen kann.

So wie zur Zeit des Mysteriums von Golgota der physische Christus erschienen ist, so wird der geistige Christus der Menschheit erscheinen, der allein Antwort geben kann, weil er nicht irdisch ist, weil er als ein Wesen charakterisiert werden muss, das sich aus dem Außerirdischen mit der irdischen Menschheit verbunden hat.

Der Mensch wird begreifen können: Beantwortet werden kann die Frage nach dem kosmischen Menschen nur dann, wenn dem Menschen das zuhilfe kommt, was sich aus dem Kosmos heraus mit dem Erdendasein verbunden hat. So ergibt sich die Lösung der bedeutsamsten Disharmonie, die jemals im Erdendasein hervorgetreten ist, der Disharmonie des menschlichen Erfühlens als eines irdisch-kosmischen Wesens.

Und diese Erkenntnis, dass er ein überirdisches, ein kosmisches Wesen ist, die Erfüllung dieses Erkenntnisdranges wird ihn dazu vorbereiten, zu erkennen, wie aus grauen Geistestiefen heraus sich ihm dieses Christus-Wesen offenbaren wird, das geistig zu ihm sprechen wird, wie es während der Zeit des Mysteriums von Golgota physisch zu ihm gesprochen hat.

Es wird der Christus geistig nicht kommen, wenn die Menschen nicht vorbereitet dazu sind. Aber vorbereitet dazu können sie nur durch die Art sein, wie ich es eben auseinandergesetzt habe, indem sie die geschilderte Diskrepanz empfinden, indem die Frage furchtbar auf ihnen lastet: Ich bin ein Erdenwesen, der Intellekt, die intellektuelle Entwicklung der letzten Jahrhunderte hat all das gebracht, was mich als ein Erdenwesen erscheinen lässt. Aber ich bin kein Erdenwesen! Ich muss mich mit einem Wesen verbunden fühlen, das nicht von dieser Erde ist, das in Wahrheit, nicht mit theologischer Verlogenheit, sagt: «Mein Reich ist nicht von dieser Welt.» Der Mensch wird sich sagen: Mein Reich ist nicht von dieser Welt. Er wird sich mit einem Wesen verbunden fühlen, dessen Reich nicht von dieser Welt ist.

Keine soziale Frage wird gelöst werden können als diejenige, die mit diesem geisteswissenschaftlichen Streben verbunden gedacht wird, das den Menschen wieder als ein überirdisches Wesen erscheinen lässt. Unsere sozialen Lösungen werden in demselben Maße sich ergeben, als die Menschen den Christus-Impuls in ihrer Seele empfinden können. Alle anderen sozialen Lösungen werden nur in die Zerstörung, in das Chaos hineinführen. Denn alle anderen Lösungen gehen darauf aus, den Menschen bloß als ein irdisches Wesen zu beschreiben. Aber der Mensch wächst heraus – gerade in unserem Zeitalter wächst er heraus – aus jener Seelenverfassung, die ihn in seinem Bewusstsein für sich selbst als ein bloß irdisch-physisches Wesen erscheinen lässt.

Meine lieben Freunde! Es ist nicht leicht, diese Dinge in aller Stärke zu durchschauen, denn man sieht dann immer auch,

161

wie wenig die Menschen der Gegenwart geneigt sind, mit solchem Durchschauen zu rechnen. Die Gegner, meine lieben Freunde, sie stehen auf ihren Posten. Die Gegner entwickeln alle Intensität des Kampfes. Unser Kampf, dasjenige, was wir vermögen, es ist schwach, recht schwach, und unsere Auffassung der Anthroposophie ist in vieler Beziehung schläfrig, recht schläfrig. Das ist der große Schmerz, der sich heute auf dem ablagert, der die Dinge voll durchschaut. Man fühlt es so oft, wie man mit dem, was man meint, dass es aus den Forderungen der Zeit heraus gesprochen ist, dass es gerade zur sozialen Heilung der Zeit gesprochen ist, wie man mit dem kaum etwas anderes redet als das, was die Menschen als ein gesprochenes Feuilleton aufnehmen. Man möchte die Menschen dazu aufrufen, dass sie in alle Gestaltung des Lebens das hineinnehmen, was aus der Geisteswissenschaft kommt. Die Menschen möchten das Leben laufen lassen und auf diejenigen hinschauen, die aus Verlogenheit heraus dieses Leben dirigieren. Sie möchten nur aus einer inneren Wollust heraus dem zuhören, was sie als ein gesprochenes Feuilleton von der Geisteswissenschaft aufnehmen.

Das ist dasjenige, was noch entstehen muss, meine lieben Freunde: der tiefe, der heilige Ernst im Aufnehmen des Geisteswissenschaftlichen, das Sich-Abgewöhnen dessen, was die Menschen dazu bringt, wie irgendein anderes literarisches Produkt so auch die Geisteswissenschaft als etwas aufzunehmen, an dem man sich in einer etwas besseren

Weise amüsiert, weil es in einer etwas besseren Weise die Sehnsucht nach einem Weiterleben nach dem Tod garantiert. Es ist heute noch ein furchtbarer Abstand zwischen dem, was notwendig ist im Aufnehmen der Geisteswissenschaft, und dem, was wirklich da ist. [...]

Alles Deklamieren von sozialen oder ähnlichen Idealen nützt nichts, wenn man nicht auf dieses ganz prinzipiell in unserer Gegenwart Lebende hinschauen will. Denn die Schäden unserer Zeit gehen von unserem verkehrten Geistesleben aus, das ganz tief in die Unwahrheit hineingekommen ist, und das sich dessen nicht einmal bewusst ist, wie tief es in der Unwahrheit lebt. Wie sehr steht es dem entgegen, was heute notwendig ist, dass viele wie ein gesprochenes Feuilleton das aufnehmen, was hier gesprochen wird. Aber es ist nicht als ein gesprochenes Feuilleton gemeint, es ist als eine Lebenskraft gemeint, und man wird sich dazu bequemen müssen, es als eine Lebenskraft zu verstehen.

Anhang A
J. Quincy über seine Begegnung
mit dem Propheten der Mormonen[28]

Quelle: *Figures of the Past, From the Leaves of Old Journals,* by Josiah Quincy (Boston 1883), «Joseph Smith at Nauvoo», S. 376-400.

S. 376-377: «What historical American of the nineteenth century has exerted the most powerful influence upon the destinies of his countrymen? And it is by no means impossible that the answer to that interrogatory may be thus written: *Joseph Smith, the Mormon prophet.* And the reply, absurd as it doubtless seems to most men now living, may be an obvious commonplace to their descendants. History deals in surprises and paradoxes quite as startling as this. The man who established a religion in this age of free debate, who was and is to-day accepted by hundreds of thousands as a direct emissary from the Most High, – such a rare human being is not to be disposed of by pelting his memory with unsavory epithets. Fanatic, impostor, charlatan, he may have been; but these hard names furnish no solution to the problem he presents to us. Fanatics and impostors are living and dying every day, and their memory is buried with them; but the wonderful influence which this founder of a religion exerted and still exerts throws him into relief before us, not as a rogue to be criminated, but as a phenomenon to be explained.» *(Welcher historisch bekannte Amerikaner des 19. Jahrhunderts hat den stärksten Einfluss auf die Schicksale*

---

28 Josiah Quincy (1802-1882) war Bürgermeister von Boston. Er besuchte Joseph Smith 1844, kurz vor dessen Tod. Für die Wahl der Textstellen war Rudolf Steiners Aussage maßgebend, dass es sich bei den Führenden in den Sekten des Westens um übermenschliche Geister handelt, deren Worte und Taten nicht erklärlich sind, wenn man davon ausgeht, dass sie von einem Menschen gesagt und getan wurden.

seiner Landsleute ausgeübt? Und es ist keineswegs ausgeschlossen, dass die Antwort auf diese Frage so zu lesen ist: Es war Joseph Smith, der Prophet der Mormonen. *So absurd diese Antwort den meisten jetzt lebenden Menschen zweifellos erscheint, wird sie doch den Nachkommen wie eine Selbstverständlichkeit erscheinen. Die Geschichte wartet mit Überraschungen und Paradoxien auf, die nicht weniger verblüffend sind als diese. Der Mann, der im Zeitalter der freien Meinungsäußerung eine Religion gegründet hat, der von Hunderttausenden als ein direkter Abgesandter des Allerhöchsten gefeiert wurde und bis heute wird, ein solch seltenes Menschenwesen kann nicht dadurch abgefertigt werden, dass man sein Andenken mit geschmacklosen Beinamen überschüttet. Er mag ein Fanatiker, ein Betrüger, ein Scharlatan gewesen sein. Aber solche harten Bezeichnungen geben keine Lösung des Rätsels, das er uns aufgibt. Fanatiker und Betrüger leben und sterben jeden Tag, und die Erinnerung an sie verschwindet mit ihrem Tod. Aber der rätselhafte Einfluss, den dieser Religionsgründer ausgeübt hat und weiterhin ausübt, gibt ihm für uns ein scharfes Profil – nicht das eines zu verurteilenden Schurken, sondern als ein zu erklärendes Phänomen.)*

S. 377-378: «The possibilities of the Mormon system are unfathomable. Polygamy may be followed by still darker ‹revelations.› Here is a society resting upon foundations which may at any moment be made subversive of every duty which we claim from the citizen. [...] A generation other than mine must deal with these questions. Burning questions they are, which must give a prominent place in the history of the country to that sturdy selfasserter whom I visited at Nauvoo. Joseph Smith, claiming to be an inspired teacher, faced adversity such as few men have been called to meet, enjoyed a brief season of prosperity such as few men have ever attained, and, finally, forty-three days after I saw him, went cheerfully to a martyr's death. [...] I have no theory to advance respecting this extraordinary man. I shall simply give the facts of my intercourse with him.» *(Die Möglichkeiten des mormonischen Systems sind unermesslich. Nach der Polygamie könnten noch dunklere ‹Offenbarungen› folgen. Wir haben hier eine Gesellschaft, die auf einem Fundament gründet, das jeden Tag die Pflichten in die Luft sprengen kann, zu denen wir den Bürger verpflichten. [...] Eine andere Generation als die meinige muss mit solchen Fragen umgehen. Es sind brennende Fragen, die dem kräftigen Selbstdarsteller, den ich in Nauvoo besuchte, eine hervorragende Stelle in der Geschichte unseres Landes einräumen müssen. Joseph Smith, der sich als ein inspirierter Lehrer sah, begegnete solchen Widerständen, mit denen wenige Menschen konfrontiert wurden. Er erfreute sich für eine kurze Zeit eines Erfolges, wie ihn nur wenige je erzielt haben. Und am Ende trat er dreiundvierzig Tage, nachdem ich ihn besucht hatte, heiter den Tod eines Märtyrers an. [...] Ich möchte keine Erklärung für diesen außerordentlichen Mann wagen. Ich werde ganz einfach die Begebenheiten meiner Begegnung mit ihm erzählen.)*

S. 381–382: «Of all men I have met, these two [Joseph Smith and Elisha R. Potter] seemed best endowed with that kingly faculty which directs, as by intrinsic right, the feeble or confused souls who are looking for guidance. This it is just to say with emphasis; for the reader will find so much that is puerile and even shocking in my report of the prophet's conversation that he might never suspect the impression of rugged power that was given by the man.» *(Von all den Menschen, denen ich begegnet bin, schienen mir diese zwei [Joseph Smith und Elisha R. Potter] am vollkommensten jene königliche Vollmacht zu besitzen, die wie mit einem angeborenen Recht schwache oder verwirrte Seelen leitet, die nach Führung suchen. Gerechterweise muss man dieses betonen, weil der*

Leser so viel Kindliches und sogar Schockierendes in meinem Bericht über das Gespräch mit dem Propheten finden wird, dass er vielleicht nie den Eindruck von rauer Macht erraten würde, den ich von diesem Mann bekam.)

S. 382-383: «Whether by subtle tact or happy accident, he introduced us to Mormonism as a secular institution before stating its monstrous claims as a religious system.» *(Sei es mit geschicktem Takt oder dank einem glücklichen Zufall, führte er uns ins Mormonentum als weltliche Institution ein, bevor er dessen haarsträubende Ansprüche als religiöses Gebäude klarlegte.)*

S. 383: «He spoke with bitterness of outrages to which they had been subjected in Missouri, and implied that the wanton barbarities of his lawless enemies must one day be atoned for. He spoke of the industrial results of his autocracy in the holy city we were visiting, and of the extraordinary powers of its charter, obtained through his friend, Governor Ford. The past had shown him that a military organization was necessary. He was now at the head of three thousand men, equipped by the State of Illinois and belonging to its militia, and the Saints were prepared to fight as well as to work. ‹I decided,› said Smith, ‹that the commander of my troops ought to be a lieutenant-general, and I was, of course, chosen to that position [...]›» *(Er sprach mit Verbitterung von den Verbrechen, denen sie in Missouri unterworfen worden waren. Er deutete an, dass die mutwilligen Barbareien seiner gesetzlosen Feinde eines Tages gesühnt werden müssten. Er sprach von den wirtschaftlichen Erfolgen seiner Autokratie in der heiligen Stadt, die wir gerade besuchten, und von den außergewöhnlichen Ermächtigungen seiner Verfassung, die er durch seinen Freund, den Gouverneur Ford, gewonnen hatte. Die Vergangenheit hatte ihm die Notwendigkeit einer militärischen Organisation gezeigt. Er leitete zu der Zeit dreitausend Männer, die vom Staat Illinois gerüstet waren und zu deren Miliz gehörten. Die Heiligen waren zum Kämpfen wie auch zum Arbeiten bereit. Smith sagte: ‹Ich beschloss, dass der Befehlshaber meiner Truppen ein Generalleutnant sein sollte, und ich wurde selbstverständlich für diese Aufgabe gewählt.›*

S. 384-385: «Smith was well versed in the letter of the Scriptures, though he had little comprehension of their spirit. He began by denying the doctrine of the Trinity, and supported his views by the glib recitation of a number of texts. From this he passed to his own claims to special inspiration, quoting with great emphasis the eleventh and twelfth verses of the fourth chapter of Ephesians, which, in his eyes, adumbrated the whole Mormon hierarchy. [...] The prophet referred to his miraculous gift of understanding all languages, and took down a Bible in various tongues, for the purpose of exhibiting his accomplishments in this particular. Our position as guests prevented our testing his powers by a rigid examination, and the rendering of a few familiar texts seemed to be accepted by his followers as a triumphant demonstration of his abilities.» *(Smith war vertraut mit dem Buchstaben der Heiligen Schrift, wenngleich er wenig Verständnis für deren Geist hatte. Er fing damit an, dass er die Trinitätslehre in Abrede stellte. Er untermauerte seine Ansichten mit der wortgewandten Anführung einer Reihe von Textstellen. Von da ging er zu seinem besonderen Anspruch auf Inspiration über. Er zitierte mit großem Nachdruck das vierte Kapitel des Epheserbriefs, Verse 11 und 12, das in seinen Augen die ganze Hierarchie der Mormonen vorauskündet. [...] Der Prophet verwies auf seine übernatürliche Gabe, alle Sprachen zu verstehen. Er holte eine Bibel in verschiedenen Sprachen, um seine Verdienste auf diesem Feld unter Beweis zu stellen. In unserer Lage als Gäste waren wir daran gehindert, seine Fähigkeiten mit einer strengen Kontrolle zu überprüfen. Die Übersetzung*

von wenigen vertrauten Textstellen schien von seinen Getreuen als
siegestrunkener Beweis seiner Fähigkeiten begrüßt zu werden.)

S. 386-387: «Some parchments inscribed with hieroglyphics were
then offered us. They were preserved under glass and handled with
great respect. ‹That is the handwriting of Abraham, the Father of
the Faithful,› said the prophet. ‹This is the autograph of Moses,
and these lines were written by his brother Aaron. Here we have
the earliest account of the Creation, from which Moses composed
the First Book of Genesis.› The parchment last referred to showed
a rude drawing of a man and woman, and a serpent walking upon a pair of legs. I ventured to doubt the propriety of providing the
reptile in question with this unusual means of locomotion. ‹Why,
that's as plain as a pikestaff,› was the rejoinder. ‹Before the Fall
snakes always went about on legs, just like chickens. They were
deprived of them, in punishment for their agency in the ruin of
man.› We were further assured that the prophet was the only mortal
who could translate these mysterious writings, and that his power
was given by direct inspiration.

It is well known that Joseph Smith was accustomed to make
his revelations point to those sturdy business habits which lead
to prosperity in this present life. [...] The prophet's hold upon you
seemed to come from the balance and harmony of temperament
which reposes upon a large physical basis. No association with the
sacred phrases of Scripture could keep the inspirations of this man
from getting down upon the hard pan of practical affairs. ‹Ver-
ily I say unto you, let my servant, Sidney Gilbert, plant himself
in this place and establish a store.› So had run one of his revelations, in which no holier spirit than that of commerce is discerni-
ble. The exhibition of these august relics concluded with a similar
descent into the hard modern world of fact. Monarchs, patriarchs,
and parchments were very well in their way; but this was clearly

170

the nineteenth century, when prophets must get a living and provide for their relations. ‹*Gentlemen,*› said this *bourgeois* Moham-med, as he closed the cabinets, ‹*those who see these curiosities generally pay my mother a quarter of a dollar.*›» *(Es wurden uns dann Urkunden unterbreitet, die mit rätselhaftem Gekritzel versehen waren. Sie waren unter Glas bewahrt und wurden mit Ehrfurcht behandelt. Der Prophet sagte: ‹Das ist die Handschrift von Abraham, dem Vater aller Gläubigen. Dieses ist ein Autograph von Moses, und diese Zeilen wurden von seinem Bruder Aaron geschrieben. Hier haben wir den ersten Bericht der Schöpfung, aus dem Moses sein Erstes Buch Genesis verfasst hat.› Das zuletzt erwähnte Pergament trug eine grobe Zeichnung von einem Mann und einer Frau nebst einer Schlange, die auf zwei Beinen ging. Ich wagte, infrage zu stellen, ob es korrekt wäre, das bekannte Reptil mit solchen ungewöhnlichen Mitteln der Fortbewegung auszustatten. ‹Das ist doch sonnenklar!›, kam prompt zurück. ‹Vor dem Sündenfall gingen Schlangen immer auf zwei Beinen, nicht anders als Hühner. Ihnen wurden die Beine genommen, als Strafe für ihre aktive Rolle beim Stürzen des Menschen ins Verderben.› Uns wurde außerdem versichert, dass der Prophet der einzige Sterbliche ist, der diese geheimnisvollen Schriften übersetzen kann, und dass seine Vollmacht auf direkter Eingebung von oben beruht.*

Es ist bekannt, dass Joseph Smith seine Offenbarungen auf die kräftigen Geschäftsgepflogenheiten zu richten pflegte, die zu Wohlstand in diesem Leben führen. […] Das, wodurch der Prophet einen in Bann schlug, schien vom Gleichgewicht und der Harmonie eines Temperaments zu kommen, das auf breiter physischer Basis ruht. Kein Bezug zu den Versen der Heiligen Schrift konnte die inspirierten Aussagen dieses Mannes davon abhalten, bis zum festen Untergrund der Tagesgeschäfte vorzudringen. ‹Wahrlich, wahrlich, ich sage Euch: Es soll sich mein Diener Sidney Gilbert an diesem Ort sesshaft machen und einen Laden eröffnen.› – so hieß eine seiner Offenbarungen, in der kein heiligerer Geist als der des Handels zu erkennen ist. Die Vorführung der genannten ehrwürdigen Reliquien endete mit einer ähnlichen Landung in die moderne und handfeste reale Welt. Monarchen, Patriarchen und Pergamente sind an und für sich recht und billig, aber hier leben wir im 19. Jahrhundert, in dem Propheten ihren Lebensunterhalt verdienen und für ihre Verwandtschaft sorgen müssen. So sagte uns dieser bürgerliche *Mohammed beim Schließen des Bücherschrankes:* ‹Gentlemen, wer diese Raritäten gezeigt bekommt, zahlt meiner Mutter in der Regel einen Vierteldollar.›*)*

S. 389: «Near the entrance to the Temple we passed a workman who was laboring upon a huge sun, which he had chiselled from the solid rock. The countenance was of the negro type, and it was surrounded by the conventional rays.

‹General Smith,› said the man, looking up from his task, ‹is this like the face you saw in vision?›

‹Very near it,› answered the prophet, ‹except› (this was added with an air of careful connoisseurship that was quite overpowering) – ‹except that the nose is just a thought too broad.›

The Mormon Temple was not fully completed. It was a wonderful structure, altogether indescribable by me. Being, presumably, like something Smith had seen in vision, it certainly cannot be compared to any ecclesiastical building which may be discerned by the natural eyesight.» *(Nah am Eingang des Tempels gingen wir an einem Arbeiter vorbei, der an einer riesigen Sonne arbeitete, die er in einem Felsgestein meißelte. Das Antlitz war dem Schwarzen nachgebildet und war von den klassischen Strahlen umrahmt.*

Der Mann blickte von seiner Arbeit auf und sagte: ‹General Smith, ist das Gesicht so wie Sie es in Ihrer geistigen Schau gesehen haben?› Und der Prophet antwortete: ‹Es ist sehr nah dran, nur› (und das Folgende wurde mit der überwältigenden Gebärde eines genauen Kenners hinzugefügt), ‹nur ist die Nase vielleicht um einen Hauch zu breit.›

Der Mormonentempel war noch nicht zu Ende gebaut. Die Struktur war wundervoll; ich bin gar nicht in der Lage, sie zu beschreiben. Es muss etwas sein, das Smith in der Vision gesehen hat, weshalb es nicht mit irgendeinem kirchlichen Gebäude, das irdische Augen erblicken können, verglichen werden kann.)

S. 390: «In a tone half-way between jest and earnest, and which might have been taken for either at the option of the hearer, the prophet put this inquiry: ‹Is not here one greater than Solomon, who built a Temple with the treasures of his father David and with the assistance of Huram, King of Tyre? Joseph Smith has built his Temple with no one to aid him in the work.›» *(In einem Ton, der in der Mitte zwischen Scherz und Ernst war, und der vom Zuhörer so oder so genommen werden konnte, stellte der Prophet folgende Frage: ‹Ist hier nicht jemand größer als Salomon, der nur mit den Schätzen seines Vaters David und mit der Hilfe von Huram, dem König von Tyrus, einen Tempel erbaute? Joseph Smith hat diesen Tempel erbaut, ohne jemanden zu haben, der ihm bei seiner Arbeit helfen würde.›)*

S. 394: «Suppressing the name of the writer, I shall give a portion of this letter, as it furnishes food for reflection, and shows that the secret of the Mormon prophet is not to be fathomed at a glance: –

‹I take the liberty of writing a few lines, being assured that you are a man of God and a prophet of the Most High, not only from testimony given by the brethren, but the Spirit itself beareth witness. It is true that mine eyes have not seen and mine ears heard you; but the testimony I have received shows plainly that God does reveal by his Spirit things that the natural man has not seen by his natural eyes [...]»» *(Ich verschweige den Namen des Verfassers und gebe einen Teil des folgenden Briefes wieder, da er ein Anlass zum Nachdenken ist und zeigt, dass das Geheimnis des Mormonenpropheten nicht auf einen Blick ergründet werden kann:*

‹Ich erlaube mir, diese wenigen Zeilen zu schreiben, in der Gewissheit, dass Sie ein Mann Gottes und ein Prophet des Allerheiligsten sind, nicht nur gemäß des von den Brüdern gegebenen Zeugnisses, sondern auch der Geist selbst gibt davon Zeugnis. Es ist zwar wahr, dass meine Augen Sie nicht gesehen und meine Ohren Sie nicht gehört haben, aber das Zeugnis, das ich empfangen habe, zeigt deutlich, dass Gott durch seinen Geist Dinge offenbart, die der natürliche Mensch mit seinen natürlichen Augen nicht gesehen hat.›)

S. 396-397: «I should not say quite all that struck me about Smith if I did not mention that he seemed to have a keen sense of the humorous aspects of his position. ‹It seems to me, General,› I said, as he was driving us to the river, about sunset, ‹that you have too much power to be safely trusted to one man.› ‹In your hands or that of any other person,› was the reply, ‹so much power would, no doubt, be dangerous. I am the only man in the world whom it would be safe to trust with it. Remember, I am a prophet!› The last five words were spoken in a rich, comical aside, as if in hearty recognition of the ridiculous sound they might have in the ears of a Gentile.» *(Ich würde nicht alles berichten, was mir von Smith aufgefallen ist, wenn ich nicht auch erwähnen würde, dass ihm auch die komischen Seiten seiner Lage wohl bewusst waren. Als er uns gegen Sonnenuntergang zum Fluss begleitete, sagte ich ihm: ‹Ich habe den Eindruck, geehrter General, dass Sie viel mehr Macht haben, als den Händen einer einzigen Person ohne Gefahr anvertraut werden kann.› Er antwortete: ‹Wenn so viel Macht in Ihren Händen oder in den Händen irgendeines anderen Menschen wäre,*

wäre sie ohne Zweifel gefährlich. Ich bin der einzige Mensch auf der Welt, dem eine solche Macht ohne Gefahr anvertraut werden kann. Denken Sie doch: Ich bin ein Prophet! (Remember, I am a prophet!)› *Die letzten fünf Worte wurden als eine herzhafte, lustige Nebenbemerkung gesprochen, wie in aufrichtiger Anerkennung der Tatsache, dass sie in den Ohren eines Heiden lächerlich klingen könnten.)*

S. 399: «Finally, he told us what he would do, were he President of the United States, and went on to mention that he might one day so hold the balance between parties as to render his election to that office by no means unlikely.» *(Zu guter Letzt sagte er uns, was er tun würde, wenn er Präsident der Vereinigten Staaten wäre. Er fuhr mit der Andeutung fort, dass er eines Tages das Gleichgewicht zwischen den Parteien so halten könnte, um seine Wahl zu diesem Amt alles andere als unwahrscheinlich erscheinen zu lassen.)*

S. 400: «I have endeavored to give the details of my visit to the Mormon prophet with absolute accuracy. If the reader does not know just what to make of Joseph Smith, I cannot help him out of the difficulty. I myself stand helpless before the puzzle.» *(Ich habe mich bemüht, die Einzelheiten meines Besuchs bei dem Mormonenpropheten mit absoluter Genauigkeit wiederzugeben. Wenn der Leser nicht weiß, wie er Joseph Smith einordnen soll, so kann ich ihm nicht aus dieser Schwierigkeit helfen. Ich stehe selbst hilflos vor diesem Rätsel.)*

Anhang B
Der Mormonenprofessor Ch. Clement
über Rudolf Steiner und die Anthroposophie[29]

Quelle: *Die Geburt des modernen Mysteriendramas aus dem Geiste Weimars,* 2005 (byu.academia.edu/ChristianClement).

S. 23: «Steiners persönliches ‹Erkenntnisdrama› führte ihn von einer unkritischen Goethe-Verehrung während der achtziger Jahre zu einem radikalen Individualismus und Anarchismus in den neunziger Jahren, in dem sich ihm sein ‹Ich› gleichsam zum Absoluten aufblähte. Um die Jahrhundertwende dann folgte eine Wende zur Mystik und Theosophie, in deren Verlauf Steiner sein bisheriges ‹Ich› gewissermaßen aufgab und vom radikalen Individualisten zu einem an Dogmen und Hierarchien gebundenen Theosophen wurde. Aus diesem ‹Opfer› jedoch wurde der Anthroposoph Steiner geboren.»

Quelle: *Weimar Classicism,* Edited by David Gallagher, The Edwin Mellen Press 2010 («Chapter 6. Weimar Classicism Reincarnated: Rudolf Steiner's Theatre of Spiritual Realism»).

S. 152 : «[...] Steiner's theatre of *Spiritual Realism* seems indeed, despite all his actual deviations from and misinterpretations of Goethe and Schiller which we did not mention here, to be true to the intellectual and spiritual core of Weimar Classicism.» *(Steiners Theater des* spirituellen Realismus *scheint in der Tat, trotz aller seiner tatsächlichen Abweichungen und Fehldeutungen Goethes und Schillers, die*

---

29 Es werden in chronologischer Reihenfolge Aussagen von Prof. Clement zitiert, die seine (unausgesprochene) Grundüberzeugung deutlich machen, dass die Anthroposophie Rudolf Steiners keine objektiv-wissenschaftliche Erkenntnis der geistigen Welt darstellt.

wir hier nicht erwähnt haben, dem intellektuellen und geistigen Kern der Weimarer Klassik treu zu sein.)

S. 153: «Despite a huge ballast of esoteric theorems and an unarguable lack of dramatic and artistic maturity [...] But Steiner was, of course, no experienced playwright like Schikaneder [...]» *(Trotz einem Riesenballast von esoterischen Lehrsätzen und einem unbestreitbaren Mangel an dramatischer und künstlerischer Reife [...] Aber Steiner war selbstverständlich kein erfahrener Dramatiker wie Schikaneder [...])*

Quelle: Rudolf Steiner, *Schriften über Mystik, Mysterienwesen und Religionsgeschichte* (Band 5 der Reihe: Rudolf Steiner, Schriften – Kritische Ausgabe), Stuttgart/Basel 2013.

(S. XXX): «So trat Steiner hier einerseits als Gelehrter auf, der historisch greifbare Texte und Autoren bespricht und sachlich deutet; andererseits nahm er, zumindest im biographischen Rückblick, für sich in Anspruch, in diesen Büchern vor allem über seine eigene mystische Erfahrung zu sprechen und die jeweils besprochenen Denker und Theoreme nur zur Illustration anzuführen.»

S. XXXI: «Saubere Quellenarbeit, Methodenschärfe und sachliche Distanz zum Gegenstand im Sinne der damals und heute allgemein anerkannten Standards wissenschaftlichen Arbeitens waren also Steiners Sache nicht.»

S. XLII: «Die Anthroposophie als Weltanschauung ist unbestreitbar ein Kind der Verbindung des deutschen Idealismus mit der Deutschen Mystik im Denken Rudolf Steiners;

ob ein legitim oder illegitim gezeugtes, soll hier nicht entschieden werden.»

S. XLVII-XLVIII: «Und in seiner Autobiographie von
1924/25 knüpfte er noch einmal an diesen Topos an, als
er von einem persönlichen geistigen ‹Gestanden-Haben
vor dem Mysterium von Golgatha in innerster ernstester
Erkenntnis-Feier› sprach und sich so in gut böhmescher
Manier selbst in die Menge der unmittelbaren Zeugen der
Kreuzigung Christi einreihte.»

S. LIV-LVII behauptet Prof. Clement Folgendes über die
Christologie Rudolf Steiners: Dieser

- ist der Urheber einer «christologischen Theoriebildung» (S. LIV);
- «[...] entwickelte [...] hochkomplexe Vorstellungen
  über die Zusammensetzung der Wesensglieder des das
  Christuswesen tragenden Jesus [...]» (S. LVI);
- «postulierte [...] die Existenz von zwei Jesusknaben»
  (S. LVI);
- «trat selbst als unmittelbare Quelle direkter und un-er-
  hörter Offenbarungen [...] auf» (S. LVII).

Quelle: Rudolf Steiner, *Schriften zur Erkenntnisschulung* (Band 7
der Reihe: Rudolf Steiner, Schriften – Kritische Ausgabe), Stuttgart 2015 [*sic!*].[30]

S. XXVIII: «Diese in traditioneller mystischer und esote-
rischer Literatur nicht unübliche Veranschaulichung [...]

---

30 Auch die «Einleitung» zu Band 7 ist in Verkennung der Einzigartig-
keit der anthroposophisch orientierten Geisteswissenschaft Rudolf Steiners geschrieben. In seinem abstrakten Denken kann der intellektualistische Mensch bei fehlender Wahrnehmung alles beweisen und alles

wirft jedoch [...] die Frage auf, ob und inwieweit Steiner hier mit seiner eigenen intellektuellen Vergangenheit [...] gebrochen hat und möglicherweise in eben jenen ‹naiven metaphysischen Realismus› verfiel, den er selbst zehn Jahre zuvor in seiner *Philosophie der Freiheit* so [...] leidenschaftlich bekämpft hatte.»

S. XXIX: «[...] in einen Text, der insgesamt den im wissenschaftlichen Diskurs verlangten abstrakt-begrifflichen und kritischen Duktus gegen den bildhaft-anschaulichen, aber auch autoritär-dogmatischen Ton des spirituellen Lehrers eintauscht. Damit traf Steiner eine Grundsatzentscheidung, die [...] sich aber fatal auf die akademische und öffentliche Rezeption seiner Schriften nach 1904 ausgewirkt hat.»

S. XXXV: «Umgekehrt hat Steiner die Bedeutung Freuds und Jungs [...] zwar wahrgenommen und kommentiert, doch in einer Weise, die nicht anders als oberflächlich genannt werden kann.»

S. XLIII: «Es gilt zu untersuchen, wo und in welchem Maße Steiner Ideen und Praktiken aus den oben genannten Bereichen aufgenommen und dann für seine spezifischen Zwecke gedeutet und verwandelt hat.»

S. LI: «Trotz dieses verständlichen Versuchs einer Verschleierung seiner ursprünglichen Quellen [...] sind für

---

widerlegen – durch unterschiedliche Gewichtung der unzähligen Faktoren, die jeweils zur Sprache kommen. Das Kulturmonopol des modernen Intellektualismus erzeugt ein Gefühl der Allwissenheit und der Allmacht, bei dem nicht bemerkt wird, dass die Anthroposophie gerade die Überwindung des Intellektualismus darstellt.

den Kenner der einschlägigen Literatur die theosophischen Vorbilder der steinerschen Konzeption unverkennbar.»

S. LIV: «Indem Steiner seine Methode der Erkenntnisschulung auf dem Postulat begründet, dass es [...] drei weitere Formen der Wirklichkeitsauffassung gebe [...]»

S. LX: «Auch hier erweist sich somit die anthroposophische Esoterik wieder als Verbildlichung philosophischer Konzeptionen.»

S. LXIX-LXX: «Da sich für diese Darlegungen [über die ‹Spaltung der Persönlichkeit›, P. A.] keine Pendants in der theosophischen Literatur nachweisen lassen, kann man sie als eigenständigen Beitrag Steiners auffassen [...]»

S. LXXI: «[...] so gestaltet sich nun dieser zweite Hüter als Spiegelung des eigenen höheren Selbst (ähnlich der höchsten Stufe der ‹anima› bzw. des ‹animus› in der Analytischen Psychologie Jungs).»

S. CII: «Die Tatsache [...] dass heute eine Ausgabe wie die vorliegende in einem wissenschaftlich-philosophischen Fachverlag erscheinen kann, zeigt, dass Steiners Resignation vielleicht weniger begründet war, als er selber glaubte.»

S. CIII. «[...] ob und in welcher Weise jene Anschauungen und Praktiken, die Steiner von den Theosophen übernahm und durch Anknüpfung an westlich-neuzeitliche Vorstellungen in den anthroposophischen Erkenntnisweg verwandelte, auch heute noch Relevanz für die Kultur und das Leben haben.»

Zu dieser Ausgabe

Die Vorträge vom 22. bis 31. Oktober 1920 sind von Rudolf Steiner in Dornach vor einem Kreis von Menschen gehalten worden, die sowohl mit seinen Gedanken als auch mit seiner Redeweise vertraut waren. Heute, ein Jahrhundert später, gehören sie in die breite Öffentlichkeit, nicht zuletzt wegen der Brisanz der dargestellten Inhalte.

Zu den drei ersten Vorträgen (22.-24. Oktober 1920), die vollständig abgedruckt sind, sind Auszüge aus den drei weiteren Vorträgen (29.-31. Oktober 1920) hinzugefügt worden, um dem Leser durch den weiteren Zusammenhang einen besseren Überblick über die Inhalte zu ermöglichen.

Der vorliegenden Ausgabe liegt der Klartext zugrunde, den die Berufsstenografin Helene Finckh nach ihrem eigenen Stenogramm gefertigt hat (s. Faksimile des ersten Vortrags, erste Seite, S. 93-94 und des dritten Vortrags, letzte Seite, S. 95). Der langjährige Umgang mit den Nachschriften der Vorträge Rudolf Steiners ermöglicht den *Rudolf Steiner Ausgaben,* die redaktionellen Eigenheiten selbst der Klartextnachschriften von Helene Finckh zu erkennen, als Voraussetzung dafür, möglichst zu dem von Rudolf Steiner gesprochenen Wort zurückzufinden.

Die Vorträge sind auch in der Rudolf Steiner Gesamtausgabe erschienen: Rudolf Steiner, *Die neue Geistigkeit und das Christus-Erlebnis des zwanzigsten Jahrhunderts*

(GA 200). Der erste Druck der sechs Vorträge 22.-31. Oktober 1920 erfolgte 1949 durch den Herausgeber Dr. Hans Erhard Lauer, ohne den Vortrag vom 17. Oktober 1920, der in den folgenden GA-Ausgaben als erster Vortrag hinzugefügt wurde.

Betreffs der Tafelzeichnungen vgl. Rudolf Steiner, *Wandtafelzeichnungen zum Vortragswerk,* Bd. IV, S. 47-53.

Die Übersetzungen aus dem Englischen stammen, wenn nicht anders vermerkt, vom Redakteur. Dies gilt vor allem für den Beitrag von J. Quincy im Anhang (s. Faksimile S. 96 u. Text S. 165-175), der bisher nur bruchstückhaft ins Deutsche übersetzt worden ist.

Alle Titel dieser Ausgabe sowie das Inhaltsverzeichnis stammen vom Redakteur.

Auf der Webseite der *Rudolf Steiner Ausgaben* findet der Leser die Faksimiles aller vorhandenen Klartextnachschriften der Vorträge.

Fachausdrücke der Geisteswissenschaft

Mensch- und Erdentwicklung

7 planetarische Zustände der Erde:	1. Saturn-, 2. Sonnen-, 3. Monderde, 4. Erde (jetziger Planet), 5. Jupiter-, 6. Venus-, 7. Vulkanerde
7 geologische Zeiten der jetzigen Erde:	1. Polarische, 2. hyperboräische, 3. lemurische Erdenzeit 4. atlantische Erdenzeit 5. nachatlantische (die jetzige), 6., 7. Erdenzeit
7 Kulturperioden der «nachatlantischen» Zeit (je 2160 Jahre):	1. Indische, 2. persische, 3. ägypt.-chaldäische Kulturper. 4. griech.-römische Kulturperiode (747 v.–1413 n.Chr.); 5. unsere Kulturper. (1413–3573 n.Chr.), 6., 7. Kulturper.

Das Wesen des Menschen

3 Körper-Hüllen:	1. Physischer Körper 2. Ätherischer Körper, Ätherleib, Bildekräfteleib 3. Astralischer Körper, Astralleib, Empfindungsleib
3 Seelen-Kräfte:	1. Empfindungsseele 2. Gemüts- oder Verstandesseele 3. Bewusstseinsseele
3 Geistes-Glieder:	1. Geistselbst (höheres Ich) 2. Lebensgeist 3. Geistesmensch
Aus 9 wird 7:	1. Physischer Leib, 2. Ätherleib, 3. Astralleib, 4. Ich, 5. Geistselbst, 6. Lebensgeist, 7. Geistesmensch

Dreiheit in Mensch und Welt

Geistige Wesen:	Luzifer	Christus	Ahriman
Evangelium:	Diabolos	Streben nach Gleich- gewicht	Satanas
Geistig:	Spiritualismus		Materialismus
Seelisch:	Schwärmerei		Pedanterie
Physisch:	Entzündung		Sklerose
Moralisch:	hemmend	fördernd	hemmend

Naturelemente

Ätherwelt:	Wärmeäther	Lichtäther	Ton-/Zahlenäther	Lebensäther
Phys. Welt:	Wärme	Luft	Wasser	Erde
Unternatur:	Schwerkraft	Elektrizität	Magnetismus	Atomkraft
Naturgeister:	Salamander	Sylphen	Undinen	Gnomen

Stufen der Einweihung

1. Imagination:	Bilder sehen – in der Akasha-Chronik (Ätherwelt)
2. Inspiration:	Worte hören – in der Seelenwelt (Astralwelt)
3. Intuition:	Wesen erkennen – in der geistigen Welt (Devachan)

Rudolf Steiner (1861-1925) ergänzt die moderne Naturwissenschaft durch eine umfassende Geisteswissenschaft, die Anthroposophie, die in der heutigen Kultur eine einzigartige Herausforderung zur Überwindung des Materialismus ist, der die Menschheit zum Untergang zu führen droht.

Die Anthroposophie hat ihre Fruchtbarkeit vor allem in der Erneuerung verschiedener Lebensbereiche gezeigt: der Erziehung, der Medizin, der Kunst, der Landwirtschaft. Der Wahrheitsgehalt der Geisteswissenschaft lag Rudolf Steiner ganz besonders am Herzen, weil er in ihm den Inspirations- und Kraftquell für alle äußere Tätigkeit sah.

Von den Vorträgen Rudolf Steiners sind Klartextübertragungen und Nachschriften unterschiedlicher Qualität erhalten. Die Vorträge lagen bis vor kurzem überwiegend in einer stark bearbeiteten Fassung vor. Die ursprünglichen Klartextübertragungen, die zu Beginn des 21. Jahrhunderts der Öffentlichkeit zugänglich gemacht worden sind, machen es möglich, dem von Rudolf Steiner gesprochenen Wort näherzukommen.